重庆大学经济与工商管理学院
School of
Economics and Business Administration
Chongqing University

重庆大学经济管理文库

中国上市银行公司治理实证研究

EMPIRICAL STUDY ON THE CORPORATE GOVERNANCE OF CHINESE LISTED BANKS

宋增基　张宗益●主编

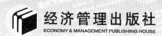
经济管理出版社
ECONOMY & MANAGEMENT PUBLISHING HOUSE

图书在版编目（CIP）数据

中国上市银行公司治理实证研究/宋增基，张宗益主编. —北京：经济管理出版社，2013.3
ISBN 978-7-5096-2358-9

Ⅰ.①中…　Ⅱ.①宋…②张…　Ⅲ.①商业银行—上市公司—企业管理—研究—中国
Ⅳ.①F832.33

中国版本图书馆 CIP 数据核字（2013）第 036570 号

组稿编辑：邱永辉
责任编辑：杨国强
责任印制：木　易
责任校对：陈　颖

出版发行：经济管理出版社
　　　　　（北京市海淀区北蜂窝 8 号中雅大厦 A 座 11 层　　100038）
网　　　址：www. E-mp. com. cn
电　　　话：（010）51915602
印　　　刷：三河市延风印装厂
经　　　销：新华书店
开　　　本：720mm×1000mm/16
印　　　张：14.5
字　　　数：195 千字
版　　　次：2013 年 3 月第 1 版　　2013 年 3 月第 1 次印刷
书　　　号：ISBN 978-7-5096-2358-9
定　　　价：38.00 元

《重庆大学经济管理文库》编委会

《重庆大学经济管理文库》出版说明

　　《重庆大学经济管理文库》是重庆大学经济与工商管理学院和经济管理出版社组织出版的系列学术丛书。组织出版《重庆大学经济管理文库》，是重庆大学经济与工商管理学院进一步加强课题成果管理和学术成果出版的规范化、制度化建设的重要举措。

　　近年来，重庆大学经济与工商管理学院的广大教师和科研人员在社会主义市场经济、具有中国特色的管理理论等方面积极开展科学研究和实践探索工作，完成了大量的研究课题，推出了一批重要的研究成果，主要覆盖管理学和经济学门类的工商管理、管理科学与工程、应用经济学等学科。为了系统地总结和展示这些研究成果，从现在起，我们经过一定的评审程序，逐年从中选出一批通过各类别课题研究工作而完成的具有较高学术水平和一定代表性的著作，编入《重庆大学经济管理文库》出版。我们希望这将能够从一个侧面展示重庆大学经济与工商管理学院的科研状况和学术成就，同时，也为优秀学术成果的面世创造更好的条件。

重庆大学经济与工商管理学院

2012 年 11 月

序

公司治理，简单地说，就是关于企业的组织方式、控制关系、利益分配等方面的制度安排和制衡机制。它界定的不仅仅是企业与所有者之间的关系，还包括企业与所有相关利益集团之间的关系。公司治理是许多国家共同关注的关于公司战略导向的问题。许多经济发达国家把建立良好的公司治理结构当作增强经济活力、提高经济效益的基本手段。

历经 30 多年，中国银行业已由改革前的中国人民银行"大一统"的完全垄断格局演变为以中央银行为核心、国有商业银行为主体、政策性银行以及股份制银行、城市商业银行等其他类型银行机构多元化共同竞争的金融中介格局。随着中国经济改革的深入以及对外开放水平的提高，新的经济形势对银行业改革提出了更高的要求。

2010 年 7 月 15 日，中国农业银行股份公司登陆资本市场，以全球最大 IPO 的上市记录，使国有独资银行成为历史，也见证了国有独资商业银行股份制改革的阶段性收官。从农行到中行、工行、建行，中国银行的现代化和市场化蝶变在过去 30 多年加速演进。国有银行股份制改造后的本质变化之一就是现代公司治理机制初步建立。股改之前，各行基本是以行长为中心的集中管理体制，股改之后，各大型银行引进了境内外机构投资者并公开发行上市，实现了股权多元化和资本所有者对银行的有效监管，建立了董事会、监事会和高级管理层之间各司其职、有效制衡、协调运作的公司治理结构。董事会下设了多个专业委员会，董事会的咨询和决策作用得到进一步发挥，建立了独立董事制度，引入多名中外专家担任独立董事，董事的专业性不断增强，对银行的约束力不断强化，上市银行已基本建立起以提升公司价值为核心，最大限度地兼顾投资者、金融消费者和员工三者之间利益的现代商业银行经营理念。

中国国有银行股份制改革的终极目标是提升中国银行业与国际一流银行可比较的持续竞争优势的建设，为此，如何对一个如此庞大的银行体系进行公司治理改造，如何建立起有效的银行公司治理并构建具有中国特色的商业银行公司治理架构及治理机制，提高我国银行业的整体水平，既是中国银行业改革的重要内容，也是建立现代化银行制度的关键。

近年来，作者在中国上市银行公司治理领域做了一些探索性的工作，在国内外学术期刊上发表了50余篇研究论文。这些论文在国内外学者对相关问题研究成果的基础上，对中国上市银行公司治理的理论及实践进行了较为全面的研究。同时，以中国上市银行为样本，实证分析了中国上市银行公司治理亟待解决的问题。本书的出版就是其中代表性研究成果的汇总。我们期待这些研究成果能为中国上市银行公司治理的改革发展提供具有一定价值的理论与经验支持。

感谢中国博士后基金项目"国有控股公司高级管理人员激励与公司绩效关系研究"（项目编号：20100470108）、国家杰出青年科学基金项目"企业理论"（项目编号：70525005）、教育部新世纪优秀人才支持计划"中国公司治理理论与实证研究"（项目编号：NCET-05-0768）以及高等学校博士学科点专项科研基金项目"股权结构、公司治理与公司绩效关系综合性研究"（项目编号：20050611013）给予的资助。

|目 录|

股权结构与公司治理

❶ 中国上市商业银行公司治理评价体系初探[*]

本文首先分析了商业银行公司治理评价的意义，继而在我国商业银行公司治理状况特殊性考察的基础上，强调了有别于一般公司治理评价的债权人权益、银行信息披露等指标，初步提出评价我国商业银行公司治理状况的指标体系，并对我国四家上市商业银行公司治理水平作出评价。回归分析表明，上市商业银行的经营绩效与公司治理评价指标呈显著正相关关系，说明良好的公司治理结构与完善的治理机制有利于提高银行绩效。

自 2002 年 12 月 11 日我国正式成为世界贸易组织成员起，外资银行将逐渐按照有关协议进入我国市场。五年过渡期之后，我国商业银行必将面对日益激烈的市场竞争。在有着良好公司治理结构、实力雄厚的跨国银行集团面前，我国商业银行急需在有限的时间内加快改革，完善公司治理结构，以顺应金融全球化趋势。本文试图在此背景下初步探讨商业银行公司治理评价指标问题，以期对我国商业银行公司治理水平做出一个较为明确的判断标准，进而能够做出评价，找出差距，提高竞争力。

---

* 原文发表在《投资研究》2005 年第 5 期，署名作者：张宗益，朱健，宋增基

一、商业银行公司治理评价的意义

公司治理作为联结并规范公司各个参与者之间权力与利益关系的制度安排已成为理论界研究的焦点。随着公司治理研究的发展，各种公司治理评价体系的实践为公司治理水平提供了可量化的评价指标。亚洲金融危机过后，银行从"治理者"角色转换为"被治理者"角色，商业银行公司治理重要性被提到了前所未有的高度。但是，对商业银行公司治理的研究目前仅停留在理论层面，尚未形成专门针对商业银行公司治理的评价体系，而该体系又具有重要的实践意义。

（一）商业银行公司治理评价有益于银行价值的提升

商业银行是以追逐利润为目的，以吸收存款和对工商企业发放贷款业务为对象，具有信用创造功能的综合性多功能的金融企业。因此银行价值同一般公司价值一样，表现为债权价值与股权价值之和。对于投资者而言，正如麦肯锡公司（2000）的调查结果显示，投资者愿意为良好的公司治理支付 17%~20%的溢价。有着良好公司治理评价结论的银行可吸引更多的存款者与贷款者，提高经营效率。在利率市场化的情况下，更可以降低公司的融资成本。在资本市场上，有着良好公司治理表现的商业银行股价也较高，且投资者愿意购买或持有股票，确保了银行价值的提升。

（二）商业银行公司治理评价是银行监管的重要论据

商业银行由于特殊的债权人结构，债权人自发的外部监管较弱，需要政府为此提供专业性的外部监管，以保护各方权力的均衡和商业银行内部治理结构的完善。商业银行公司治理评价可使银行监管机构进一步了解各银行公司治理状况并加强监管，进而针对问题采取必要措施。

（三）商业银行公司治理评价可减小金融危机爆发的可能性

大多数金融危机都是由银行危机开始的，亚洲金融危机过后，对危机原因的分析使人们看到了银行公司治理的重要性。Anderson（2000）在对 1977~1996 年日本银行的治理结构进行系统研究后认为，低效的治理结构加重了日本的银行危机，并且延缓了后来的重组。Benny Simon（2001）认为，东南亚金融危机暴露了印度尼西亚银行业公司治理的系统性缺陷。商业银行公司治理评价可作为金融危机预警体系的重要参考，以防患危机于未然。

二、中国商业银行公司治理评价的特殊性

（一）一般公司治理评价实践

目前，国内外已有一些公司治理评价体系应用于实践。标准普尔（Standard 和 Poor's）在 1998 年对立了一套公司治理评价指标，并从 2000 年开始对一些公司的治理状况进行评价。其公司治理评价体系综合考虑内部与外部治理机制，由国家分析和公司评分两部分组成。国家分析侧重于关注宏观层次上的外部力量如何影响公司治理质量，即外部治理机制。公司评分侧重于内部治理机制。戴米诺公司（Deminor）从 1999 年开始运用其建立的一套公司治理评价体系在欧洲开展对上市公司治理评价的研究。其评价体系特别强调了接管防御措施对公司治理的影响，也十分重视国家分析的作用。以上两套指标体系都重视公司治理的法律环境和达到的总体水平，并强调股东权利、

透明性和董事会。里昂亚洲证券（CLSA）也对新兴市场的上市公司开展公司治理评分。

在国内，北京连城国际理财咨询公司参考标准普尔评价体系推出了董事会治理排名体系。海通证券研究所中国上市公司治理评价项目组吴淑琨等人（2002）提出了一套中国上市公司治理评价体系（CGESC），南开大学公司治理研究中心（2003）也推出了中国公司治理评价指标体系（CCGINK）。

以上指标体系虽然在各自的领域取得了成效，但是都不适用于中国商业银行公司治理评价，一则不适合中国经济转轨期的特殊国情，二则对商业银行的行业特殊性没有考虑。

（二）商业银行公司治理特殊性

商业银行作为特殊的金融企业，其公司治理与一般公司治理既存在共性也存在差异，因此商业银行公司治理评价时，要在一般公司治理评价的基础上充分考虑其特殊性。

1. 商业银行金融中介公司的特殊性

首先，金融中介公司经营质量的好坏不仅影响自身的生存发展，也关系到广大储户的利益和社会稳定，因此，商业银行有着不同于其他行业企业的经营目标，即在融通资金的同时实现效益最大化，并追求金融风险最小化。其次，按照巴塞尔协议规定，商业银行资本金充足率为8%即可满足要求。商业银行资本金比重低的这种特殊资本结构使得无论是股东还是经理都会有较大的投资冲动，而存款保证金制度、预算软约束等更会增加商业银行股东和管理者的这种风险偏好。这些都需要对银行经理的行为进行监督，以减少过度投资行为。最后，金融中介企业由于存款人与贷款人的存在而导致了更多的信息不对称，使得银行治理不透明问题更为复杂。

2. 金融市场特殊性

首先，金融市场与产品市场不同，它很难达到产品市场的规范和公平竞争，从而弱化了外部市场治理机制的作用。其次，金融市场一直是政府管制的重点，管制作为不同于市场的另一外部力量，既作用于微观领域，又作用于宏观领域。政府对银行的所有权管制及进入接管管制等都极大地影响了商业银行公司治理。最后，金融市场上银行并购行为会产生巨大的社会成本，限制了控制权市场的建立与并购机制的作用。

（三）中国商业银行公司治理状况

我国经济处于转轨阶段，各种体制性矛盾可能对商业银行经营及治理结构产生巨大影响。在法律方面，法律完备性及执行方面均有较多缺陷，对小股东与债权人权利保护远低于世界平均水平。而在金融一体化背景下，面对加入 WTO 后金融业更为激烈的竞争格局，我国相关政策的相应调整更会对商业银行公司治理提出新的要求。目前，我国商业银行无论是国有商业银行还是股份制商业银行的公司治理普遍存在较大问题。国有商业银行存在所有权缺位、管理者激励机制欠缺、存在内部人自利行为等问题；股份制商业银行存在"一股独大"的股权结构、董事会对经营层的制约和监管相对弱化、内部监督力量薄弱等问题。

三、中国商业银行公司治理评价指标设置分析

1997~1999 年，巴塞尔委员会就商业银行公司治理问题颁发了一系列指导性文件，强调稳健的银行治理结构应包括：设立清晰的银行战略目标；确立银行价值至上的理念；全行各岗位的权责界定明确并得到实施；确保董事会成员胜任其职并能独立工作；确保董事会对高级管理层、高级管理层对其下属的有效监督；充分发挥内部与外部审

计人员的监控作用；确保薪酬制度与银行的价值理念、经营目标、战略及管理环境相一致；增强银行治理状况的透明度。因此，考察我国商业银行公司治理评价指标体系应基于商业银行公司治理一般性与特殊性分析，并结合我国具体情况，同时参考以上标准。

目前，还没有针对商业银行公司治理评价的指标体系，从以上分析不难看出将一般公司治理评价套用于商业银行显然有很大缺陷，因此在评价上我们改进并重点突出：

（1）所有权结构影响。根据我国公司股权集中的特点，我们在做公司治理评价时应强调股权结构的影响，而商业银行控制权高度集中状况更为突出。因此，商业银行公司治理评价时也应强调股权结构影响。

（2）独立董事作用。这种股权结构状况使得董事会作为公司治理核心并没起到核心作用，因此，应有足够的独立董事并且确能通过审计、薪酬、提名等委员会发挥积极作用。股东权益是公司治理中最重要的因素之一，但是，商业银行资本结构的高杠杆率使得保护债权人利益尤其是中小债权人的利益成为维护银行稳健性之所在，中国人民银行制定的《股份制商业银行独立董事制度指引（征求意见稿）》明确提出独立董事应成为存款人的利益代言人，因此我国商业银行公司治理评价不仅应强调股东权益，更应特别强调债权人权益。

（3）信息披露。商业银行有比其他行业更为复杂的信息不对称，而现在的中国商业银行存在严重的关联交易风险与贷款集中风险，因此信息披露不仅仅是公司治理的技术手段，更应是商业银行公司治理评价的重点。

参考标准普尔及戴米诺等成熟评价体系，根据科学性、重要性、实用性原则，商业银行公司治理评价指标（Bank Corporate Governance Index，BCGI）及其判断标准应基于：

1. 所有权结构及其影响

考察商业银行所有权结构和控制权结构，衡量控股股东权力使用状况及对公司和中小股东、中小债权人的影响。

主要子指标：①股权集中度 *；②国有股地位及影响 *；③控股权结构 *；④控股股东行为。

评价标准：①股权分散，考察前五大、十大股东持股比例；②一般为负面，具体情况具体分析；③事实控股权结构，交叉持股、间接持股情况；④控股股东权利无滥用。

2. 股东权益与债权人权益：考察银行价值

主要子指标：①股东共益权；②股东自益权 *；③股东大会；④债权人收益 *；⑤债权人参与度 *。

评价标准：①有共益权，股东意志在公司决策中得到体现；②股东投资收益；③规范、广泛参与；④资金时间价值，利率（央行努力推进利率市场化改革，在人民币贷款利率逐步放开的同时，存款利率也将有所突破）；⑤独立董事为债权人代言状况、债权人代表进入董事会状况（在美国，已有 1/3 以上的大公司债权人进入董事会，而日本、德国比例更高）。

3. 信息披露度：考察银行治理状况的透明度

主要子指标：①及时性 *；②完整性 *；③真实性 *；④重要性 *；⑤审计独立性 *。

评价标准：①按规定定期披露；②公司治理、财务信息披露；③负面评价记录考察；④关联交易披露，贷款情况披露；⑤内部、外部审计人员独立审计。

4. 董事与董事会指标：考察董事任职情况及独立性，董事会对高级管理层的有效监督状况

主要子指标：①董事会规模 *；②董事会构成 *；③董事权利与义务；④董事薪酬 *；⑤外部及独立董事数量与职能 *。

评价标准：①我国公司法规定为 5~19 人（美国金融学会前会长Jensen（1993）提出小规模董事会能产生更为有效的控制机制）；②具有不同专业知识的外部董事和独立董事占多数，董事长总经理两职情

况；③制定董事会细则；④结合绩效考察，合理的激励约束；⑤至少董事成员的1/3，能代表中小股东与中小债权人利益。

5. 经理层：考察高级管理层对其下属的有效监督

主要子指标：①激励约束机制；②人员任免；③经营绩效 *。

评价标准：①薪酬、股权激励约束；②高管层任免；③各项财务指标。

6. 治理与管理匹配性：考察商业银行系统完整性

主要子指标：①银行业绩 *；②高管层与董事会关系；③高管层稳定性 *。

评价标准：①良性发展；②保持沟通又保持董事会独立性；③必要的稳定性以维持银行目标。

在评价过程中，显性指标（用 * 表示）可通过公开信息与银行制度获得，非显性指标可通过对评价银行进行内部与外部专家问卷调查。

四、我国上市商业银行公司治理评价

由于数据标准及可收集原因，我们选择了我国四家上市商业银行（招商银行、上海浦东发展银行、中国民生银行、深圳发展银行）进行了公司治理评价比较。

根据以上的理论分析，我们把用于经验排名分析的变量分为对公司治理水平有正作用及负作用，并从上述六大指标中选出可量化的显性指标进行初步评价。正作用变量按升序排列；反之，负作用变量按降序排列。变量取值越大公司治理排名越靠前。我们对六大指标采用相同权重，评价结果如表1所示。

表1 商业银行公司治理评价结果

指标	变量		招商银行	浦发行	民生银行	深发行
所有权结构及其影响	前五大、十大股东持股比例（%）		37.98 / 47.03	24.8 / 33.27	32.61 / 53.27	21.89 / 27.04
	国家股比例（%）		39.13	9.9	0	6.44
	指标值		2	3	3	3.5
股东权益与债权人权益	每股收益（元）		0.39	0.28	0.31	0.16
	平均存款年利率（%）		1.21	2.09	1.72	1.59
	独立董事比例（%）		10.5	13	18.75	21.4
	指标值		2	2.67	3	2.33
信息披露度	信息披露		符合规定	符合规定	符合规定	符合规定
	指标值		4	4	4	4
董事与董事会指标	董事会人数		19	15	16	14
	外部董事、独立董事比例（%）		94.7	73	93.75	78.57
	董事长（副董事长）与行长两职分离情况		分离	合一	分离	合一
	指标值		2.67	1.67	3	2.67
经理层	前三位高管年薪总额（万元）		138	111	200	130
	获利能力	销售净利率（%）	16.41	2.73	12.96	7.61
		总资产报酬率（%）	0.44	0.3	0.29	0.16
		净资产报酬率（%）	12.21	9.39	14.49	7.91
	经营能力	股东权益周转率（%）	0.79	0.87	1.22	1.07
		总资产周转率（%）	35.58	48.53	66.25	20.86
	指标值		3.2	2.2	3.7	1.7
匹配性	发展能力	主营业务收入增长率（%）	41.98	49.56	74.72	5.02
		营业利润增长率（%）	33.94	48.92	67.03	-1.65
		税后利润增长率（%）	28.58	26.60	59.66	-24.95
		净资产增长率（%）	13.91	45.52	22.73	-1.88
		总资产增长率（%）	0.03	0.03	0.03	0.02
	指标值		2.6	3.2	3.8	1
总计	指标值		16.47	16.74	20.5	15.2
排名			3	2	1	4

注：所有权结构及影响指标数据来源于2004年最新数据，其他数据均来源于2002年年报。负作用变量用括号表示。

从以上分析我们可以看出，我国四家上市公司在各项指标中存在较大差异并影响公司治理评价的指标为董事与董事会指标，经理层指标，治理与管理匹配性指标。从最终排名情况我们可以发现，公司治理排名与四家银行成立先后（深发行，1978年；招商银行，1987年；

浦发行 1993 年；民生银行，1996 年）正好相反。因此，我们可以认为我国商业银行已越来越注重其公司治理状况。

五、治理评价指标与银行绩效的回归分析

理论上来说，好的公司治理应该伴随着高的银行绩效。为了准确反映公司治理指标与治理绩效的关系，我们构建如下回归模型进行实证检验。除了治理指标外，为使检验结果更有意义，我们控制了银行资本规模、银行资产规模、银行资源配置能力、银行资产质量以及银行管理水平对银行绩效的影响。

$$P = \beta_0 + \beta_1 LnIndex + \beta_2 Capr + \beta_3 LnAssets + \beta_4 Ldr + \beta_5 Lor + \beta_6 Ecr + \varepsilon \tag{1}$$

其中，各个变量的定义如下：

P：银行绩效指标，用资产收益率（ROA）和股权收益率（ROE）衡量；

LnIndex：银行治理评价指标的对数；

Capr：银行资本规模，用资产资本比率衡量，即银行总资本与总资产之比率；

LnAssets：银行资产规模，用银行的总资产衡量，回归时取对数；

Ldr：银行资源配置能力，用贷存比衡量，即贷款总额与存款总额之比率；

Lor：银行资产质量，用贷款损失率衡量，即贷款呆账准备金与贷款总额之比率；

Ecr：银行管理水平，用资产费用率衡量，即管理费用与总资产之比率。

为了增加样本观察值的数量，在进行回归分析时，我们采用截面

及时间序列的混合数据，所有使用的数据均来自四家上市银行的年报及《中国金融年鉴》（1998~2002 年）的统计资料。回归结果如表 2 所示。

表 2　治理评价指标与银行绩效的回归结果

变量	ROA	ROE
常数	6.329 （1.830）***	9.870 （4.721）***
LnIndex	1.236 （3.421）***	1.167 （3.286）***
Capr	0.329 （2.564）***	0.542 （3.875）***
LnAssets	0.429 （0.511）	0.329 （0.742）
Ldr	−1.042 （−0.519）	−0.675 （−0.249）
Lor	0.532 （1.012）	0.369 （0.412）
Ecr	−1.049 （−0.567）	−1.026 （−0.457）
AdjR^2	0.541	0.526
F 统计值	9.876***	8.325***
D−W 值	2.0046	1.986

　　注：括号内为 t 统计值，***、**、* 分别表示在 1%、5%、10%置信水平下显著，所报告的数据是方差一致有效的。

　　表 2 显示，上市商业银行的经营绩效与公司治理评价指标呈显著正相关关系，表明良好的公司治理结构与完善的治理机制有利于提高银行绩效。资本规模与银行经营绩效显著正相关表明，较高的银行自有资本率可以减小"道德风险"。在有限责任公司制度下，较高的资本比率会促使股东更加关心银行经营，注重管理水平，优化资源配置，减少浪费，从而提高银行经营绩效。其他控制变量对银行经营绩效均无显著影响，其原因可能与国家政策及银行经营水平有关，而与公司治理联系不大，为节省篇幅，故在此不再展开讨论。

六、总结

　　从 20 世纪 90 年代末开始，国外公司治理评价体系在实践中取得了重大成效。近两年来，我国也逐渐意识到其重要性并开始对适用于我国公司治理评价进行探讨。商业银行作为最大金融机构，在研究其公司治理问题时，一方面应考虑其具有与其他行业公司同样作为公司的特点，另一方面其特殊性更是不可忽略。商业银行公司治理理论只有应用于实践时才有意义，但是国内专门针对商业银行公司治理的系统评价体系尚属空白。为此，本文试图在这一领域作一些探索性的工作，提出了上述针对我国商业银行公司治理的评价体系，并希望应用此体系能对我国商业银行的公司治理现状做出基本评价，在完善本评价体系的同时，促进我国商业银行逐步完善公司治理结构。

参考文献：

［1］Enhancing Corporate Governance for Banking Organisations ［R］. Basel Committee on Banking Supervision, September 1999.

［2］Jonathan R., Maureen O'Hara, Corporate Governance of Banks ［J］. FRBNY Economic Policy Review, 2003（4）.

［3］Penny Ciancanlli, Jose Antonio Reyes Gonzalez, Corporate Governance in Banking: A Conceptual Framework ［J］. Strathclyde University Working Paper, June 2000.

［4］W.Gary Simpson, Anne E.Gleason, Board Structure, Ownership, and Financial Distress in Banking Firms ［J］. Inernational Review of Economics and Finance, 1999（8）.

［5］海通证券研究所中国上市公司治理评价项目组：上市公司治理评价体系及其应用［J］. 证券市场导报，2002（10）.

［6］李维安，曹廷求. 商业银行公司治理：理论模式与我国的选择［J］. 南开学报，2003（1）.

［7］张建伟，李妍. 中国商业银行的公司治理模式选择："股东至上主义"到"债权人主义"［J］. 管理世界，2002（9）.

［8］南开大学公司治理课题研究中心. 中国上市公司治理评价系统研究［J］. 南开管理评论，2003（3）.

［9］施东晖，司徒大年. 值得企业家关注的公司治理评价体系［J］. 国际经济评论，2003（5-6）.

［10］裴武威. 公司治理评价体系研究［J］. 证券市场导报，2001（9）.

❷ 上市银行董事会治理与银行绩效*

　　本文在充分考虑银行业治理特殊性的基础上，实证考察了中国上市银行董事会治理与绩效间关系。以往的治理研究大多不将银行业单独考虑，忽略了银行业在治理方面众多的特殊性。因此，银行治理不能简单套用一般企业的治理结论。研究表明，银行股权结构制衡能力较好，银行董事会监督能力会有所弱化。而董事会规模和董事会会议频率与银行业绩成反比关系。独立董事对银行的绩效有微弱促进作用，银行两职分离情况对绩效影响不明显。

　　近两年，中国国有商业银行的陆续上市标志着银行业市场化改革即将迎来高潮，并且随着 2006 年底国内银行正式向世界开放，国内银行该如何应对这种市场化的竞争呢？巴塞尔委员会 1999 年 9 月发布的《加强银行机构的公司治理》，使得越来越多的人意识到，建设现代银行制度是银行业竞争的根本。而现代银行制度的核心就是现代银行公司治理机制，因此治理结构的优化将是今后提高我国商业银行竞争力的必由之路。

　　公司治理作为一个热点问题，近几年来受到了越来越多的关注。

---

* 原文发表在《金融论坛》2007 年第 5 期，署名作者：宋增基，陈全，张宗益

但是，大部分的研究并没有将行业因素考虑在内。特别是银行业与一般企业有显著不同的特征，比如高负债、股权分散、严格监管等。这些特征对治理结构是有相当影响的，忽略这些因素的差别使得一般公司的治理结论对银行业适用，很值得商榷。

在中国建设银行等国有大银行上市之前，已经有一些股份制商业银行上市多年，积累了一些经验值得借鉴。我们的研究是在充分考虑银行业特征的基础上，结合已经上市的商业银行的数据，以考察治理结构对银行绩效的影响。研究着重于分析银行董事会治理与银行绩效间的关系。通过建立一组单方程回归模型，对比考察了董事会治理各个因素对银行绩效的影响。研究发现，独立董事比例对银行绩效有促进作用，但不明显。独立董事任职年限却对银行绩效有负的作用。董事会规模和开会次数与绩效呈显著负相关关系。两职分离情况对绩效的影响不明显。

一、文献综述

董事会作为公司治理的内部核心机制之一，其效率能否有效发挥一直是各国学者和公司治理机构和组织关注的热点问题。国内外学者针对董事会治理的研究大致分为两类：

一类是对董事会治理机制和作用过程的理论模型的探讨，研究的前提是在信息不对称经济中董事会与经理人进行动态的战略博弈。Noe和 Rebello（1996）研究了董事所关心的声誉可以成为董事会监管经理人的动机。Hermalin 和 Weisbach（1998）建立了一个董事会任免 CEO 的模型，董事会的独立性取决于董事与 CEO 之间的博弈，当 CEO 拥有更强的讨价还价的能力时董事会的独立性降低。Dunn（1987）、Fama（1980）、Fama 和 Jensen（1983）等从理论上论证了独立董事增加有助于缓解代理问题。总的来看，对董事会的理论研究还比较缺乏，但有助于揭示董事的行为动机，以及股东、董事会和经营者三者之间的复杂的代理关系（Arthur，2001）。

另一类是通过实证研究考察董事会的治理绩效，找出影响董事会有效性的因素。目前大量的研究成果都来自于实证研究，主要集中在以下几个方面（Robert 和 Monks，2001）：

（1）董事会是否有效地行使了监督经理人的职能，是否有效地增加了股东财富。对董事会治理有效性的观点分为两派：①由 Fama 和 Jensen（1983）为代表的，认为董事会是公司治理机制中的重要部分，外部董事通过制定经营者的薪酬和选拔、解雇经理人有效地解决了代理问题。但这一结论的前提是存在外部的"董事候选人市场"，因此外部董事为了建立自身的声誉是不会与经理人相互"勾结"的。②以 Hillman 等（2000）为代表的，认为董事会并没有发挥实质上的监管作用，而只是为公司的高层管理人员提供决策建议，或是处理危机情况。他们还提出，董事应经常支持 CEO，避免董事会的矛盾。

（2）董事会结构和董事会规模等因素与公司绩效间具有怎样的相关性。独立性是评价董事会的重要指标，董事会的内外部董事的构成比例直接决定了董事会的独立性。Fosberg（1989）利用配对研究的方法研究了外部董事的比例与公司业绩的关系，其假设外部董事监管力度的不同会导致公司的现金流不同，而且董事会进行了有效监管的公司应实现减员增效，销售费用和管理费用下降，股权收益上升。他的研究得出了外部董事的比例与公司业绩呈反向关系的结论，原因可能在于内部人控制了董事会的选举，弱化了董事会的治理职能。Hermalin 和 Weisbach（1991）用分段回归的方法研究外部董事比例与公司业绩的关系，没有发现显著的相关性。Bhagat 和 Black（1999）的研究表明，外部董事比例与公司业绩显著相关。John 和 Lemma（1998）的研究表明，独立董事占绝大多数的董事会与其他董事会相比并没有为公司带来更好的业绩，他的研究还得出结论，董事会中内部董事人数居中的公司可能具有更高的赢利能力。董事会的领导权结构也是董事会独立性的一个重要因素。董事长和总经理两职是否分离引起了很多理论争论。两职合一，一方面赋予了经理人相当程度的随机处置权，有利于企业自由发展；另一方面又会容易使控制权掌握在内部管理层手中，导致"内部人控制"。吴淑琨、席西民（1999）研究了领导权结构的许多相关因素，如流通股比例与两职合一负相关，企业规模与两职合一正相关等。两职状态同时也对其他的治理机制产生影响，因此它具有显著的内生性。早在20世纪90年代初，Lipton和Lorsch（1992）就提出限制董事会的规模，认为董事的人数最多不应超过10人。之后Jensen（1993）又提出如果董事会人数超过7~8人则会效率降低，并容易受CEO的操纵。Yermack（1996）经实证研究得出董事会的规模与公司市场价值呈显著负相关。

（3）董事会的构成是由哪些因素决定的？这些结构特征对董事会的监督和决策行为有什么样的影响。公司的业绩、CEO的任期、股权结构的变化都会引起董事会的变化。Hermalin和Weisbach（1991）发现，在公司业绩下降的情况下外部董事的比例会提高，也就是说，业绩较差的公司倾向于增加外部董事的比例；Mark和Li（2001）发现管理层持股越高的公司，其外部董事的比例就较低；Agrawal和Knoeber（1996）研究发现，成长型公司选择董事长与总经理两职合一更有利于公司的决策，多元化程度高的公司需要更多的外部董事提供不同领域的决策建议。

上述的文献研究大都将视角涵盖所有行业，而且有相当数量的实证分析的样本数据是将金融行业排除在之外的。这就使得得出的结论是否合适在银行业，值得商榷。尤其值得注意的是，银行业本身的特殊性，使得在公司治理问题上明显有别于其他行业（Caprio、Laeven和Levine，2003）。Prowse（1995）、John和Qian（2003）、John、Mehran和Qian（2003）等从银行业自身特点出发，研究了银行董事会人员构成、高管激励等治理问题。潘敏（2006）从理论上分析了银行业资产结构的特殊性、资产交易的非透明性和严格管制三个典型特征对商业银行公司治理的影响。

银行业治理的特殊性表现在股权结构、债权结构、资产交易和管制等方面。在股权结构方面，由于政府的管制以及自有资本的限制，银行业股权比较分散，没有显著的一股独大的现象出现，股权制衡能力比较强。在债权方面，由于银行的债权所有人有相当一部分是中小储户，使得债权保护比较困难，债权治理相对乏力。银行的资产交换不透明，信息不对称程度比一般企业要大，导致外部投资者和债权人很难对资产交易质量进行评价，使得外部监督困难。

银行业在董事会治理方面的特殊性表现在以下几个方面：

（1）从董事会构成看，银行业董事会成员大部分是相关机构的派出人员，董事会持股比例显著地少于其他上市企业，因此单从此方面考量，很难认为董事会有很好的激励动机来对经理层进行有效的监督，并对广大股东负责。

（2）从董事会规模看，银行业董事会规模普遍比一般企业大得多。尽管董事会成员人数增加，能够对经理层进行更好的监督，但是因此带来的协调组织成本是否会由此抵消其所带来的收益呢？Lipton 和 Lorsch（1992）的研究就认为，由于董事会人员增加所带来的成本要超过其引起的收益。Yermack（1996）实证研究认为，企业 TobinQ 与董事会规模呈负相关。

（3）从董事会独立性看，独立董事的作用有两方面：一是执行监督，二是提供辅助决策。由于银行业独立董事的专业背景主要集中于金融方面，因此在监督和提高决策质量方面，相比一般企业的独立董事来说有较大的优势，这是不能忽视的一个方面。另外，银行业两职分离情况比较普遍。

由于银行业董事会存在这些不同于一般企业的特征，而在这方面，国内的学者还没有人对此进行过相应的经验研究。因此，我们针对此点进行深入的探讨与分析，以期为国有银行公司治理改革提供经验证据与理论借鉴。

二、实证分析

(一) 样本与变量

1. 样本

国内独立董事的设置是从 2002 年正式开始的，因此我们的数据是 2002~2005 年的国内上市的股份制商业银行，一共选取了 6 家上市银行。考虑到银行业数据收集的限制，样本比较少，因此将各家银行的历年数据制成混合数据。数据来源主要是色诺芬数据库，并以各家银行历年的年报作为补充。

2. 变量的选择

我们选择总资产收益率 (ROA) 和每股收益 (EPS) 分别从会计和市场两个方面来衡量银行绩效。选择 ROA，而不是国内学者大多采用的净资产收益率 (ROE)，是因为一些学者的研究表明，中国上市公司为迎合监管部门的规定，对 ROE 存在着大量的利润操纵行为。在自变量的选择中分为两类：一类是反映董事会特征的解释变量；另一类是控制变量，包括控制公司规模、网点、资本结构和股权结构等。我们控制这些反映银行基本特征的变量，以使董事会治理的检验系数更好地反映银行绩效与董事会之间的关系，否则，检验出的关系可能是除董事会治理之外的其他因素影响的结果。变量的解释和说明如表 1 所示。

表 1　变量的解释和说明

变量名	含义	说明
解释变量		
Inddir	独立董事比例	独立董事人数/董事会人数
Inbt	独立董事任职年限比例	表示独立董事任职年限/总经理或行长任职年限
Leader	领导权结构	董事长与总经理两职完全合一取 "1"，两职分离取 "0"

变量名	含义	说明
Dirsize	董事会规模	董事会总人数的自然对数
Dirmeet	年度内董事会的会议次数	年度董事会召开的会议次数
控制变量		
Finaleve	财务杠杆	资产负债率
Net	银行网点数	银行网点数量
Fsize	公司规模	上市公司的总资产，模型中取其自然对数形式
Fhs	第一大股东持股比例	第一大股东持股的百分比
Z	股权结构的制衡能力	银行第一大股东与第二大股东持股比例的比值

（二）研究假设与研究模型

1. 董事会结构

Short 和 Keasey（1999）认为，董事会成员是股东利益的代表，并在外部股东与公司内部管理层之间起到桥梁作用。由于独立董事不像内部董事那样直接受制于控股股东和公司经理层，从而可能有利于董事会对公司事务的独立判断。此外，独立董事还可能以其专业知识来促进董事会的决策科学化。他们在董事会中所占的比例不同，对董事会的结构及职责的发挥可能产生较大影响。因此，在主要市场经济国家的公司中，独立董事在董事会中的人数比例和职责都得到了高度的重视。

一方面，独立董事具有监督职能。中国上市公司的治理结构介于"英美模式"与"日德模式"之间，监事会与董事会并存。在实际的公司治理中，监事会监督功能弱化，这不仅因为它是"事后监督"，更重要的是，因为公司经理人员控制了大部分监事的任命、薪酬待遇等，而使其失去了独立性。"监事会监督"的弱化使"董事会监督"在公司治理中的作用更加突出。独立董事在董事会中积极发挥作用是"董事会监督"重要的组成部分。

另一方面，独立董事拥有一定的专业背景和社会关系，特别是银行业独立董事的专业背景和社会关系集中于经济金融领域，相比于一般企业的独立董事，更能帮助提高董事会的决策效率。因此，我们做出假设：

假设 I：银行绩效与董事会中独立董事比例正相关。

2. 董事会规模

董事会中董事人数太多，对于董事会作用的较好发挥与公司治理有不良影响。这种不良影响首先表现为董事会规模太大会出现董事会成员间沟通与协调困难。其次表现为董事会成员倾向于不再坦率地批评总经理的错误做法，或者对总经理的工作绩效进行直率的评价，原因在于在很多董事会成员面前批评总经理会招致其极大的怨恨和报复。最后则表现为董事会成员会产生"搭便车"的动机。这种情况在董事会成员们所持股份较少、公司项目失败或经营亏损对董事们而言实际损失不大的情况下更为明显，尽管董事会规模大也会存在一定的好处，但其规模偏大导致的缺乏创新与效率，以及导致董事会存在机能障碍的负面影响超过了规模较大带来的正面影响。Yermack（1996）的研究表明，在治理绩效较差公司所采取的措施中，新的控制者或收购者一般都采取了缩减董事会规模的措施。因此我们做出假设：

假设 II：银行绩效与董事会规模负相关。

3. 董事长与总经理是否合二为一

在两职设置对于治理效率具有何种影响的问题上，国外学者仍存在着广泛的争论。反对两职合一者认为，两职分设相对于两职合一可以避免公司发生大的危机，并且董事会能对经理人员进行更客观的评价。另外，两职合一经常与无效的公司治理信号相关联，比如敌意接管和毒丸计划的采纳等。与此相反，支持两职合一者认为，两职合一能使总经理具有更大的权利，可以更及时地应对飞速变化的环境，并且与其他内部董事一样，兼任总经理的董事长具有更多的关于企业及相关产业的知识，相对于外部董事而言，对公司具有更大的责任感。前者的理论依据是代理理论，后者的观点是建立在受托责任理论的基础上的。鉴于代理理论严密的数学论证以及相对丰富的支持其结论的经验结果，我们更赞同董事长与总经理相分离的观点，因此，我们做出假设：

假设Ⅲ：银行绩效与董事长与总经理二职合一负相关。

4. 独立董事任职年限比例

独立董事制度的引进是为了更好地发挥董事会的监督作用，但是相对于管理层，由于时间和信息的限制，独立董事不能对管理层活动进行透彻了解，信息的不对称使得独立董事的作用受到质疑。因此，我们做出假设：

假设Ⅳ：银行绩效与独立董事任职年限比例正相关。

5. 年度内董事会的会议次数

尽管，Jensen（1993）认为，CEO几乎总是为董事会制定日程表，而且大部分会议用于讨论日常经营事务，这限制了外部董事进行有意义地控制经理的机会。所以，董事会并不是非常有效的。董事会行为可能相对被动，董事会经常在出现问题时被迫从事高频率的活动。以这个观点来看，董事会会议成为了解决公司问题的一个"灭火器"，而不是用于事前改进公司治理的一项措施。所以，更高频率的董事会活动可能是公司对较差绩效所做出的反应（Vafeas，1999）。同时，董事会的作用在危机期间将变得更加重要，当公司绩效下降时，董事会的活动可能更加频繁以应付出现的问题。公司在经过高频率的董事会会议应对公司危机之后，公司绩效通常会得到一定程度的提高。因此，我们做出假设：

假设Ⅴ：年度内董事会的非正常会议频率与银行绩效显著正相关。

根据以上分析，我们建立以下一组模型：

Model 1：ROA= Finaleve+ Fsize+Fhs+Z+Net

Model 2：ROA= Finaleve+ Fsize+Fhs+Z+ Inddir+ Inbt+ Leader+ Dirsize+Dirmeet

Model 3：EPS= Finaleve+ Fsize+Fhs+Z+Net

Model 4：EPS= Finaleve+ Fsize+Fhs+Z+ Inddir+ Inbt+ Leader+ Dirsize+Dirmeet

（三）变量的统计性描述

研究选取了深圳发展银行、上海浦东发展银行、华夏银行、民生银行、中信银行以及招商银行 6 家上市的商业银行。由于数据所限，剔除不完整和异常数据之后，样本只有 22 个。统计年份为 2002~2005 年，其中，22 个样本中有 4 个样本是两职合一，占到总数的 18%，这显示，在银行业两职分离的现象是普遍存在的。其他变量的统计性描述，如表 2 所示。

表 2　变量的统计性描述

变量	均值	标准差	中位数	最大值	最小值
Fsize	26.028	1.297	26.519	27.322	23.192
Finaleve	27.891	13.949	31.694	44.452	1.155
Fhs	0.155	0.091	0.143	0.324	0.059
Dirsiz	17.636	2.172	18.000	20.000	13.000
Dirmeet	10.045	3.429	10.000	19.000	5.000
EPS	0.297	0.146	0.305	0.635	0.040
Inddir	0.316	0.089	0.314	0.421	0.100
Inbt	0.967	0.891	0.633	3.500	0.250
Net	244.773	109.991	239.000	456.000	40.000
ROA	0.006	0.007	0.004	0.031	0.001
Z	2.291	1.507	1.439	5.591	1.061

表 2 显示，在银行基本数据方面，资产规模各行相差不是太大，总体接近，而资本结构和网点数量则各行相差较大。中信银行的资本负债比例历年都比其他银行低很多，与最大负债比例的银行相差 40 多倍。而在网点数方面，由于是混合数据，股份商业银行发展是一个阶段，因此在早期，银行网点数量普遍不是很多，因此此项标准差才会如此之大。在银行绩效方面，ROA 和 EPS 表现出总体稳定的情况，各行之间差别不大。在股权结构方面，各行第一大股东持股比例普遍较低，这可能和严格的监管制度有关。同时，股权结构中的制衡能力各

行之间还有差别。在董事会方面，董事会规模差异比较显著，并且在绝对数量上比一般企业要多得多。在董事会独立性方面，样本表现比较稳定。董事会会议次数上，各行之间有明显的差别。

（四）变量的相关性分析

研究将银行绩效与几个董事会变量做了相关性分析，结果如表3所示，表格上半部分是 Spearman 检验，下半部分是 Pearson 检验，括号内是 P 值。

表3　董事会治理与银行绩效的相关性分析

	ROA	EPS	Inddir	Inbt	Dirsiz	Dirmeet	Leader
ROA	1	0.412 (0.797)	0.459 (0.031)	−0.241 (0.28)	0.369 (0.091)	−0.066 (0.771)	0.049 (0.828)
EPS	0.159 (0.127)	1	−0.226 (0.312)	−0.499 (0.018)	0.077 (0.734)	−0.325 (0.140)	0.010 (0.965)
Inddir	0.425 (0.049)	−0.239 (0.286)	1	−0.248 (0.265)	0.326 (0.138)	−0.074 (0.743)	−0.046 (0.838)
Inbt	−0.137 (0.542)	−0.387 (0.075)	−0.254 (0.255)	1	−0.409 (0.055)	0.263 (0.237)	0.413 (0.056)
Dirsiz	0.474 (0.026)	0.103 (0.649)	0.339 (0.123)	−0.115 (0.610)	1	−0.106 (0.638)	−0.252 (0.257)
Dirmeet	0.188 (0.403)	−0.252 (0.258)	−0.201 (0.371)	0.214 (0.338)	−0.125 (0.579)	1	0.029 (0.899)
Leader	−0.154 (0.528)	−0.093 (0.681)	−0.180 (0.462)	0.521 (0.013)	−0.198 0.377	0.019 (0.934)	1

表3显示，在不考虑其他因素的情况下，无论是 Spearman 还是 Pearson 检验，独立董事的比例对银行绩效都有显著的促进作用。但是同样值得注意的是，独立董事任职年限对银行的市场价值却是显著的负相关。董事会规模与银行绩效之间存在比较明显的正相关关系。而董事会会议次数与两职分离情况及银行绩效间关系不明显。另外，董事会治理的各个变量之间相关系数不高，这意味着它们各自的影响作用的重叠性较低。

（五）回归分析

表4列示了运用普通最小二乘法回归分析的一组模型的结果，括号内的是P值。

表4　董事会治理与银行绩效间回归分析

Independent Variables	Dependent Variables			
	ROA		EPS	
	MODEL 1	MODEL 2	MODEL 3	MODEL 4
Fsize	−0.004 (0.157)	−0.005 (0.256)	0.031 (0.510)	0.051 (0.443)
Finaleve	−0.001 (0.171)	−0.001 (0.069)	−0.011 (0.006)	−0.019 (0.029)
Net	0.001 (0.361)	0.001 (0.351)	0.001 (0.058)	0.001 (0.058)
Fhs	−0.0287 (0.475)	−0.137 (0.111)	−2.016 (0.005)	−2.907 (0.011)
Z	−0.001 (0.715)	−0.005 (0.098)	−0.029 (0.208)	−0.081 (0.090)
Inddir		0.029 (0.336)		0.341 (0.448)
Inbt		−0.001 (0.588)		−0.032 (0.271)
Dirsiz		−0.003 (0.089)		−0.036 (0.097)
Dirmeet		−0.001 (0.039)		−0.006 (0.378)
Leader		0.003 (0.422)		0.058 (0.352)
R−squared（adjusted）	0.602	0.804	0.835	0.894

从模型2和模型4可以看到，独立董事比例对银行绩效是正的促进作用，但是这种作用不明显。而独立董事任职年限比和绩效呈负相关关系，这和假设Ⅳ相反。董事会规模与绩效间显著的负相关，和假设Ⅱ相吻合。而开会次数越多，绩效越差，这与假设Ⅴ相反。而两职合一情况对绩效正的影响不明显。

独立董事比例对银行绩效的促进作用不明显，有以下两个可能的原因：①替代理论（Substitution）认为，治理结构之间是互相替代的。从模型 1 和模型 3 对比模型 2 和模型 4，可以发现，当考虑到董事会治理因素时，股权制衡能力对绩效的影响变得显著了。这意味着当公司的股权结构分散，股权制衡能力较好，几个大股东之间互相牵制，那么中小股东的利益保护会比那些拥有一股独大的股权结构的公司要好。换言之，由于股权结构的制衡，使得独立董事在保护中小股东而执行的监督能力的弱化。我国商业银行由于监管等原因，股权比较分散，股权结构的制衡能力相比一般企业要好得多，因此独立董事的监督能力弱化，使得对企业绩效的促进不明显。②独立董事本身的因素也可能促成这样的结果。独立董事由于地位特殊，因此平时对银行的信息掌握不够，又加上部分独立董事身兼数职，尽管有些人在银行待了数年，但是没有精力来履行独立董事的职责，造成了独立董事设置的形式化。另外，独立董事的作用可能是滞后的，这也可以解释独立董事作用的不显著。

与假设Ⅳ不符，从回归结果发现，独立董事任职年限比与银行绩效负相关。即任职年限越久，银行绩效反而越差。可能的原因是，独立董事由于任职年限增加之后，与银行关系增加，独立性减弱，监督作用弱化，导致银行绩效的下降。

董事会开会次数与绩效呈负相关。正如 Jensen（1993）认为，大部分董事会会议用于讨论日常经营事务，这限制了外部董事进行有意义的控制经理的机会。同时，董事会活动频繁也可能是由于银行绩效下降，而需要频繁商量对策所造成的。

从表 4 还可以看到，因素对企业会计价值的影响和对市场价值的影响是不同的。比如银行规模对 ROA 的影响是负的，但是对 EPS 却是正的；而银行网点数量和第一大股东持股比例对银行市场价值的影响显著地超过了对会计价值的影响。这说明投资者更看中银行的未来发展，认为较大的规模和较多的网点对银行今后发展意义重大，并且也给银行带来了潜在的现金流。而关于股权结构，投资者担心第一大股东持股比例越高，侵吞中小股东利益的可能性越大，因此对第一大股东持股抱不信任感。

三、结论与启示

研究表明，银行董事会监督方面因为其在治理方面的特殊性而有所弱化。由于上市银行的严格监管和市场准入等方面原因，股权相对比较分散，一股独大现象没有一般企业那么明显，因此股权制衡能力比较强。根据替代理论认为，治理结构之间的作用是可以互相替代的。由于股权结构的制衡，使得董事会监督作用有所弱化，但是绝不是说没有作用。两者也是相互促进的。而在独立董事方面，研究结果显示，现阶段上市银行独立董事的监督作用不明显。但是结果也暗示，独立董事的作用有可能是滞后的。即当期独立董事的作用在下一期才显示出来。因此，单从研究本身，不能认为独立董事的作用可以忽略。

在董事会提高决策效率方面，研究表明，银行董事会规模对业绩的作用是相反的。也就是认为，现阶段我国上市银行董事会规模过大。尽管这样或许能够更多地执行监督职能，但是由此带来的协调成本大于由监督效率提高所带来的收益。同时，研究也显示董事会开会的次数也与绩效成反比。这是值得我国上市银行警惕的问题。

值得注意的是，银行董事会的激励机制。一般治理理论关于激励问题考虑两点，薪酬和声誉。对于银行业来说，由于银行监管等方面特殊要求，持股的多为机构。而董事会成员则几乎是来自各个持股机构的派出代表。这种特殊结构带来的问题是，董事会成员的薪水一般不在银行领取，另外董事会成员也极少直接持有银行股份，股权激励也无从谈起；而声誉激励鉴于我国在这方面还未有较好的发展，影响也比较弱。因此，银行董事会激励的问题不能套用一般的治理激励结论。现有可行的方法只有通过派出机构的间接激励来促使董事会成员执行各自职能。

银行独立董事的背景有相当一部分来自金融领域，因此在发挥监督和提高决策效率方面有不同于一般企业的优势。一般企业的独立董事未必对该公司及其行业有过多的了解，因此在发挥职能方面有所限制。而银行独立董事的金融背景，能够很好地发现银行存在的问题以及提出今后发展的道路，这点是需要上市银行充分发挥的地方。但是同样需要引起注意的是，上市银行独立董事和一般企业独立董事一样存在兼职过多的问题。一个独立董事往往在几家公司担任独立董事，因此不能按时出席董事会，履行其职责成为常态。更因此使得独立董事机制流于形式。另外，我国独立董事制度普遍存在责、权、利失衡。激励不足，却要承担很大的责任风险，这使独立董事在行使职责时难免有后顾之忧。这也是研究结果为什么显示银行独立董事作用不明显的原因之一。

国内上市银行要与外资银行竞争，在外部治理尚未完善的今天，着重内部治理是现阶段提升竞争能力的重要步骤。但是，从研究结果看，大多数国内银行还未从根本上注重公司内部治理，普遍的流于形式不利于银行自身核心竞争力的提升，也不利于国内金融改革的进一步深化。因此，如何进一步提高自身治理水平，是今后国内银行面临的主要问题。

参考文献：

[1] Agarwal, A., Knoeber. Firm Performance and Mechanisms to Control Agency Problems between Managers and Shareholders. Journal of Financial and Quantitative Analysis, 1996, 31, 377-397.

[2] Arthur, N. Board Composition as the Outcome of an Internal Bargaining Process: Empirical Evidence. Journal of Corporate Financ , 2001, 7, 307-340.

[3] Bhagat, S., Black, B. The Uncertain Relationship Between Board Composition and Firm

Performance. Business Lawyer, 1999, 54, 921-963.

[4] Caprio, G., Laeven, L., Levine, R. Governance and Bank Valuation. NBER Working Paper, 2003, 101, 581.

[5] Dunn, J. On the Convergence of Projected Gradient Process to Singular Critical Points.J. Optim.Theory Appl., 1987, 56, 203-216.

[6] Fama, E. Agency Problems and the Theory of tile Firm. Journal of Political Economy, 1980, 88, 288-307.

[7] Fama, E., Jensen, M. Separation of Ownership and Control. Journal of Law and Economics, 1983, 26, 301-325.

[8] Fosberg, R., Outside Directors and Managerial Monitoring.ABER, 1989, 2, 24-32.

[9] Hermalin, B., Weisbach, M. The effect of Board Composition and Direct Incentives on Firm Performance. Financial Managemen, 1991, 20, 101-112.

[10] Hernalin, B., Weisbach, M. Endogenously Chosen Boards of Directors and Their Monitoring of the CEO. The American Economic Review, 1998, 188 (1), 96-118.

[11] Hillman, A. Cannella, A., Paetzold, R. The resource de pen dence role of corporate directors: Strategic adaptation of board composition in response to environmental change. Journal of Management Studies, 2000, 37, 235-256.

[12] Jensen, M. The Modern Industrial Revolution: Exit, and Fail ure of Internal Control Systems. Journal of Financia, 1993, 148, 831-879.

[13] John, K., Lemma W. Corporate Governance and Board Effectiveness. Journal of Banking and Finance, 1998, 22. 371-403.

[14] John, K., Mehran, H., Qian, Y. Regulation Subordinated Debt and Incentive of CEO Compensation in the Banking Industry. Unpublished paper, FRBNY, 2003.

[15] John, K.Qian, Y. Incentive Feature in CEO Compensation in the Banking Industry. Economic Policy Review, 2003, 9, 109-121.

[16] Lipton, M., Lorsch, J. A Model Proposal for Improved Corporate Governance. Business Lawyer, 1992, 48 (1), 59-77.

[17] Mark, Y., Li, Y.Determinations of Corporate Ownership and Board Structure: Evidence from Singapore. Journal of Corporate Finance, 2001, 7, 235-256.

[18] Noe, T., Rebello, M. The Design of Corporate Boards: Com position, Compensation,

Factions, and Turnover, Working paper, Georgia State University, Atlanta, 1996.

［19］Prowse, S. Alternative Methods of Corporate Control in Commercial Banks. Economic Review Third Quarter, 1995.

［20］Robert , A.G., Monks, N. Corporate Governance. Blackwell Publishers, 2001.

［21］Short, H., Keasey, K. Managerial Ownership and the Performance of Firms: Evidence from the UK. Journal of Corporate Finance, 1999, 5, 79-101.

［22］Vafeas, N. Board Meeting Frequency and Firm Performance. Journal of Financial Economics, 1999, 53, 113-142.

［23］Yermack, D. Higher Valuation of Companies with a Small Board of Directors. Journal of Financial Economics, 1996, 40, 185-212.

［24］潘敏. 商业银行公司治理：一个基于银行业特征的理论分析 ［J］. 金融研究，2006（3）.

［25］吴淑琨，柏杰，席酉民. 董事长和总经理两职分离：中国上市公司实证分析 ［J］. 经济研究，1998（8）.

❸ 引入境外战略投资者前后商业银行公司治理特征比较研究*

随着银行业市场竞争的日益加剧，我国城市商业银行越来越多地通过引入战略投资者，特别是境外战略投资者来完善落后的公司治理机制，提高银行的绩效。本文以 2001~2007 年我国 8 家城市商业银行为样本，对城市商业银行引入境外战略投资者前后的特征进行了实证研究，并进一步探讨了境外战略投资者在城市商业银行公司治理决策中的作用。实证结果发现，引入境外战略投资者后，城市商业银行在公司治理、盈利能力等方面显著优于引入之前；境外战略投资者同时对城市商业银行公司治理决策产生"用手投票"和"用脚投票"的积极效应，并影响其公司价值。本文的经验结果对于进一步提升境外战略投资者在城市商业银行公司治理中的作用，完善城市商业银行公司治理具有一定的理论意义和实践价值。

一、引言

近年来，中国国有商业银行的陆续上市标志着银行业市场化改革

*原文发表在《管理评论》2009 年第 4 期，署名作者：宋增基，徐叶琴，陈科

即将迎来高潮，并且随着 2006 年底国内银行正式向世界开放，国内银行该如何应对这种市场化的竞争呢？巴塞尔委员会 1999 年 9 月发布的《加强银行机构的公司治理》，使得越来越多的人意识到建设现代银行制度是银行业竞争的根本，而现代银行制度的核心就是现代公司治理机制，因此治理结构的优化将是今后提高我国商业银行竞争力的必由之路。

国有商业银行方面，成立了资产管理公司剥离不良资产，进而又成立了中央汇金公司并向其注入巨额资本金等改革举措使得国有商业银行状况有很大的改观，中国建设银行、中国银行和中国工商银行先后在香港和内地上市。而股份制商业银行从成立初就按照市场化模式运作，资产质量和经营业绩都是国内银行业最好的。相形之下，中国城市商业银行（City Commercial Banks，CCBs）的改革进展缓慢，总体表现欠佳。

如何提升 CCBs 的整体质量是银行业各方关注的焦点。许多学者认为将境外战略投资者（Foreign Strategic Investor，FSI）引入商业银行中能够使得商业银行的绩效上升，从而提升商业银行的整体质量。但对于 FSI 引入商业银行（尤其是 CCBs）前后 CCBs 的公司治理是否有明显差异？FSI 是否对 CCBs 公司治理予以特别的关注？FSI 的引入与 CCBs 价值之间的关系如何？相关的经验研究较少，本文将对上述系列问题进行经验研究。本文的研究结果将为进一步促进我国 FSI 的规范发展，完善城市商业银行公司治理提供理论依据和经验支持。

二、文献综述

通过引进战略投资者，国有银行治理可以得到改善：①内部治理。战略投资者的引进可以在国有产权中加入私有的成分，增强国有银行的活力，因为他们作为责任明确的委托人，为了保障自己投资的回报率，会比国有产权有更强的动力监督银行管理者，以提高银行的盈利能力和利润率。②外部治理。战略投资者可以通过银行的收购市场对管理者施加压力，激励管理者努力提高工作业绩，避免遭受失业的威胁以及在经理市场上遭受声誉的损失。另外，收购行为还能够部分地解决管理者和股东之间的利益冲突。Yaron Brook、Robert J. Hendershott、Darrell Lee（2000）研究发现，目标银行的股东从接管中获得实质性的收益：目标公司在宣布被接管后股价平均上涨 18%，然而，投标公司平均下跌 2%。

许多国外学者认为，引进战略投资者中的境外战略投资者对银行业改革可以起到特殊的作用。境外战略投资者入股国有银行的同时会带来先进的公司治理机制，这有利于国有银行公司治理水平的提高。境外战略投资者持股比例的提高有利于增强对管理层的监督，降低代理成本，提高公司业绩。Khanna 和 Palepu（1999）研究发现，在全球经济下的新兴市场，境外投资者起着更有价值的监督作用。Shleifer 和 Vishny（1986）认为，境外投资者所有权可以给股东提供动力以监督管理绩效并且采取行动提高公司价值。Khanna 和 Palepu（2000）研究发现，国外金融机构进入发展中国家有两个意义：第一，与公共金融机构相比，国外金融机构作为私人拥有和管理的实体对监督公司经营者有着更强的动机，他们要确保他们投资的回报；第二，这些机构比发展中国家当地的私有金融机构拥有更有效的监督管理者的工具。Yupana Wiwattanakantang（2001）、Millon（2002）等学者的实证研究都发现外资所有权集中度高的公司会有更好的股票价格绩效。Sadao Nagaoka（2006）通过对日本企业的研究发现，随着外资股权比例的增加，公司的市场价值也随之增加，并且有更高的外资所有权比例的公司在所研究年限内有更高的市场价值。Zuobao Wei、Feixue Xie、Shaorong Zhang（2005）对中国企业的研究发现，外资持股比例与 Tobin's Q 存在显著正相关的关系。另外，George R.G. Clarke、Robert Cull、Mary M. Shirley（2005）研究发现，当外资所有权被允许进入时公司绩效的改善更大。私有化会在竞争性的银行业更为成功，同时会产生更具竞争力的银行业。同时有证据显示，不允许新的申请者进入不是解决银行问题的方法：竞争的限制对银行业的稳定和发展起到负面作用（Barth 等，2001a；Beck 等，2003a，b）。

三、研究设计

（一）研究样本及数据来源

截至 2007 年末，中国大陆已在监管机构登记备案的 CCBs 共有 121 家，其中引入 FSI 的 CCBs 有 13 家。在这 13 家中有 8 家能获取相应的数据，因此本文拟以这 8 家 CCBs 作为研究对象（见表 1）。考虑到中国 CCBs 引进 FSI 的年限较短、获得数据难度较大，本文拟采用截面数据和序列数据相结合的方法获取样本。因此本文的数据是以 2001~2007 年的这 8 家 CCBs 可获取的 31 份年度报告为基础建立的（见表 2）。

表 1　8 家 CCBs 引入 FSI 名称及时间

银行名称	FSI 名称	引入时间
北京银行	ING BANK N.V.	2005 年
	国际金融公司（IFC）	2005 年
杭州市商业银行	Commonwealth Bank of Australia	2005 年
	Asian Development Bank	2006 年
重庆银行	Dah Sing Bank	2007 年
济南市商业银行	Commonwealth Bank of Australia	2004 年
南京银行	国际金融公司（IFC）	2002 年
	BNP Paribas	2005 年
上海银行	国际金融公司（IFC）	2001 年
	HSBC	2002 年
	SHANGHAI COMMERCIAL BANK	2002 年

续表

银行名称	FSI 名称	引入时间
宁波银行	OCBC Bank	2006 年
天津银行	ANZ	2006 年

资料来源：上述各 CCBs 的年度报告。

表2　8家 CCBs 年报数量统计

银行名称	2001 年	2002 年	2003 年	2004 年	2005 年	2006 年	2007 年	小计
北京银行				√	√	√	√	4
杭州市商业银行				√	√	√	√	4
重庆银行				√	√	√	√	4
济南市商业银行						√	√	2
南京银行				√	√	√	√	4
上海银行	√	√	√	√	√	√	√	7
宁波银行				√	√	√	√	4
天津银行					√	√		2
合计	1	1	1	6	7	8	7	31

资料来源：上述各 CCBs 的年度报告。其中：√表示存在年报，涂抹颜色表格表示已引入 FSI。

（二）研究指标选择的理论分析

从战略投资者的性质来看，其经营目的是通过对被投资企业进行相应的治理结构改善、风险控制提升和业务创新能力的提高从而达到股东利益最大化的目的。因此，引入 FSI 前后，CCBs 的公司基本特征有很大差别，尤其是在公司治理状况方面。下文将从 CCBs 基本特征等方面进行分析，并结合我国 CCBs 的实际情况加以阐述。

1. 治理状况

近年来，越来越多的研究发现，治理状况对银行经营和银行价值会产生重要影响，完善的治理结构有利于提高银行未来价值，因此 FSI 对于其投资的 CCBs 公司治理必然重视。本文主要从股权结构、董事会、监事会和管理层四个角度来考虑 CCBs 的治理状况。

第一，传统的产权理论认为，产权从公有变为私有的过程中会增加激励效果，从而提高企业效率。国家作为银行的股东，具有非人格化的主体特征，使得本应属于集中的股权结构优势的大股东监管虚位，而独立于股东或投资者外部人的经理人员掌握了企业实际控制权，在公司战略决策中充分体现自身利益，甚至内部各方面联手谋取各自的利益，从而架空所有者的控制和监督，使所有者的权益受到侵害，产生内部人控制问题。Shirley 和 Walsh（2000）研究指出，国有银行的绩效低于私有银行的绩效，许多发展中国家的银行通过引进战略投资者对国有银行进行改革，改变了落后的产权制度，提高了银行的竞争力。因此，引入 FSI 后 CCBs 的国有股权比例较引入前小。

第二，在"一股独大"的特殊股权结构下，所有作为外部公司治理机制的资本市场、经理人市场和控制权市场都无法发挥作用，因此大股东可以利用其控股地位从事掠夺和侵害中小股东利益的活动。这已成为我国公司治理中的主要问题。此外，在"一股独大"的股权结构中，大股东直接选拔高层经理，又拥有对公司的重大经营决策权，公司经理层的经营行为直接贯彻大股东的意志，因此，大股东与经理层共同构成我国公司治理中的"内部人"。因此，引入 FSI 后 CCBs 的第一大股东持股比例较引入前小。

第三，股权集中度的提高有利于增强股东对银行经营管理的监督，以保证银行实现股东的利益为目标，实现公司价值最大化。股权集中度的提高也有利于战略投资者积极参与上市银行的经营管理，提出有益于公司发展的建议，帮助银行提升绩效水平和核心竞争力。Shleifer 与 Vishny（1986）指出，只有股权集中型公司的控股股东才有足够的激励去收集信息并有效监督管理层，并相对于股权分散型公司具有较高的盈利能力和市场表现。因此，引入 FSI 后 CCBs 的前三位股东持股比例较引入前大。

第四，董事会中董事人数太多，对于董事会作用的发挥与公司治理有不良影响。这种不良影响，首先表现为董事会规模太大会出现董事会成员间沟通与协调困难。其次表现为董事会成员倾向于不再坦率地批评总经理的错误做法，或者对总经理的工作绩效进行直率的评价，原因在于在很多董事会成员面前批评总经理会招致其极大的怨恨和报复。最后表现为董事会成员会产生"搭便车"的动机。这种情况在董事会成员们所持股份较少、公司项目失败或经营亏损对董事们而言实际损失不大的情况下更为明显。因此，引入 FSI 后 CCBs 的董事会规模较引入前小。

第五，Morck 等（1988）利用《财富》500 强中 371 家公司数据，实证分析了经营者所有权与 TobinQ 值的分段线性关系，他发现，随着经营者所有权的增加，TobinQ 值随之增大。与非管理层董事相比，管理层董事深谙商业银行的经营之道，可以为董事会提供符合银行实际经营情况的信息，使董事会做出更有利于银行发展的决策。因此，引入 FSI 后 CCBs 其管理层介入董事会的比例较引入前大。

第六，独立董事制度一方面可制约内部大股东利用其控制地位做出不利于公司中小股东的行为；另一方面还可以独立地监督公司的经营管理层，减轻内部人控制带来的问题。美国投资者责任研究中心发现，董事会的独立性与股东回报率及公司的价值呈正相关，具有积极的独立董事的公司比那些具有被动的非独立董事的公司运行更好。因此，引入 FSI 后 CCBs 的独立董事比例较引入前大。

第七，股权激励的激励效应是通过在各方均认同的股权激励制度实施过程中，实现对企业管理层和员工进行激励和约束，同时企业本身也可以从这种股权安排中受益，从而达到实施股权激励的目的。股权激励制度可缓解目前面临的成长极限问题，调整企业内部结构，释放组织潜能，从而突破管理"瓶颈"，完成企业的再次创业发展。实施股权激励还有助于解决公司用人难、留人难的问题，以股权吸引和挽留经理人才，通过改进经营管理，提高公司的效益和发展能力，使市场价值提升，最终实现对经营者的激励并推动企业长期发展。因此，引入 FSI 后 CCBs 存在股权激励。

第八，监事会的成员为了更敢说真话而不随意附和董事会和大股东，它应该有一定的独立性，监事会里外部监事的比例提高有利于监事会对董事会和经理层监督的客观性和公正性，进而影响管理层的决策。我国法律并没有硬性规定股份制银行聘请外部监事，而实际上，很多股份制银行的监事会成员来自银行之外的单位，这在一定程度上能起到独立监督的作用。我们把在股份制银行中仅仅担任监事职务的监事称为外部监事。外部监事的独立性会有效地监督和规范财务和董事、经理执行银行职务时的行为，从而提高银行的业绩。因此，引入FSI后CCBs的外部监事比例较引入前大。

2. 规模与安全性

第一，一般来说，FSI进入CCBs后，由于FSI对其公司治理进行优化，加大产品机构的调整，使得CCBs的营利性增强，从而导致CCBs的整体资产规模有所增加。因此，引入FSI后CCBs的资产规模较引入前大。

第二，财务杠杆系数和经营杠杆系数这两个指标从基本层面对CCBs财务风险和经营风险计量，两系数越大，则分别表示CCBs的财务风险和经营风险较大。由于引入FSI后CCBs的公司治理得到改善，大大降低了CCBs的财务风险和经营风险。因此，引入FSI后CCBs的财务杠杆系数和经营杠杆系数较引入前小。

3. 盈利能力和成长性

第一，反映公司盈利能力的基本指标包括净资产收益率、主营业务总资产收益率和每股收益。由于引入FSI后CCBs的公司治理得到改善，从而使得CCBs的盈利能力得到提高。因此，引入FSI后CCBs的净资产收益率、主营业务总资产收益率和每股收益均较引入前大。

第二，每股净资产、每股公积金和每股未分配利润是反映CCBs的股本扩张能力（即成长性）的三项重要指标，其数额越大就说明CCBs的成长性好。由于引入FSI后CCBs的公司治理得到改善，使得其盈利能力提高，从而大大提升其成长性。因此，引入FSI后CCBs的每股净资产、每股公积金和每股未分配利润均较引入前大。

综上，得到比较指标表，如表3所示。

表3　比较指标列表

类别	指标	预期影响	定义
治理状况	国有股持股比例	–	国家股股数/总股份
	第一大股东持股比例	–	第一大股东所持股份/总股份
	前三位股东持股比例	+	前三位股东所持股份/总股份
	董事会规模	–	董事会总人数的自然对数
	管理层介入董事会比	+	管理层中担任董事的人数/董事会人数
	独立董事比例	+	独立董事人数/董事会总人数
	管理层股权激励	+	有为1，无为0
	外部监事比例	+	外部监事人数/监事会人数
规模与安全性	资产规模	+	总资产的自然对数
	财务杠杆系数	–	(利润总额+财务费用)/利润总额
	经营杠杆系数	–	主营业务利润/(利润总额+财务费用)
盈利能力	净资产收益率	+	净利润/总股数
	主营业务总资产收益率	+	(主营收入–成本–税金–三费)/总资产
	每股收益	+	净利润/总股数
成长性	每股净资产	+	股东权益总额/普通股股数
	每股公积金	+	公积金/总股数
	每股未分配利润	+	未分配利润/总股数

注：指标选择参考了李维安、张维萍和杨德群等相关研究。"–"表示好的指标值应是较低的值；"+"表示好的指标值应是较高的值。

（三）制度背景分析与数据处理方法设计

中国中小商业银行引入境外战略投资者大体经历了三个阶段：第一阶段是2001年以前，由于我国法规禁止外国金融机构入股中资商业银行，虽然亚行（ADB）入股光大银行和国际金融公司（IFC）入股上海银行，但双方基本没有业务和技术合作，外资入股的象征意义大于实质作用；第二阶段是2001~2003年，中国加入世界贸易组织以后，确定了银行业对外开放的时间表，放开了外资金融机构入股中资银行的限制，中资银行开始尝试引进境外战略投资者进行技术和业务合作；第三阶段是中国银监会成立后至今，其及时依法制定了《境外金融机构投资入股中资金融机构管理办法》，这是中小商业银行引进境外战略投资者最活跃的阶段。

此外，鉴于前面已述本文能获取数据的CCBs的数量为八家，所以我们从 2001 年开始剔除不完整和异常数据之后，样本共有 31 个，其中：8 个样本是 CCBs 引入 FSI 之前的数据，占到总数的 25.81%，23 个样本是 CCBs 引入 FSI 之后的数据，占到总数的 74.19%。因此，本文将样本分为引入 FSI 之前和引入 FSI 之后进行银行基本特征比较分析。以期望得到引入 FSI 前后由于 FSI 改善银行的公司治理，从而导致引入前后关于公司特征发生明显变化的结论。

四、基本数据分析结果

表 4 对 CCBs 引入 FSI 前后的公司特征指标进行了统计分析。根据 T 检验和非参数 Z 检验的结果我们发现，除了管理层股权激励指标与预期相反以外，其他治理指标均与理论预期相一致，这表明我国 CCBs 引入 FSI 后银行的公司治理结构得到了很大的改善，从而也使得相关的安全性、盈利能力和成长性得到提升。对于管理层股权激励指标与理论预期呈相反结论，这主要是由于引入了 FSI 后其管理层结构发生了很大的变化。CCBs 倾向于聘用具有相关经验的人员作为其高层管理人员，由于中国 CCBs 引入 FSI 的时间较短，且其股权激励机制尚未建立，从而造成与理论预期相反的结论。

表 4　CCBs 引入 FSI 前后公司特征比较

变量	引入后数据		引入前数据		均值差	T 检验	Z 检验
	均值 (1)	中位数 (2)	均值 (3)	中位数 (4)	(1) － (3)	(1) 与 (3)	(2) 与 (4)
国有股持股比例	0.187	0.183	0.197	0.194	−0.010	−3.710***	−4.131***
第一大股东持股比例	0.153	0.150	0.168	0.163	−0.015	−3.116***	−3.985***
前三位股东持股比例	0.363	0.356	0.357	0.349	0.006	18.800***	−21.705***
董事会规模	2.486	2.431	2.580	2.516	0.094	2.487**	−4.752***

续表

变量	引入后数据		引入前数据		均值差	T 检验	Z 检验
	均值 (1)	中位数 (2)	均值 (3)	中位数 (4)	(1) − (3)	(1) 与 (3)	(2) 与 (4)
管理层介入董事会比	0.199	0.204	0.198	0.197	0.001	2.017*	−4.113***
独立董事比例	0.193	0.197	0.077	0.078	0.116	5.504***	−9.682***
管理层股权激励	0.130	0.126	0.350	0.343	−0.220	−6.827***	−7.913***
外部监事比例	0.259	0.246	0.021	0.021	0.238	8.393***	−9.278***
资产规模	11.509	11.397	10.746	10.638	0.763	1.965*	−3.876***
财务杠杆系数	14.653	14.222	16.762	16.578	−2.109	−13.275***	−14.829***
经营杠杆系数	22.387	21.531	26.145	24.932	−3.758	−7.331***	−7.995***
净资产收益率	0.158	0.155	0.136	0.133	0.022	4.816***	−5.903***
主营业务总资产收益率	0.338	0.328	0.289	0.293	0.049	2.534**	−4.997***
每股收益	0.318	0.309	0.237	0.229	0.081	6.544***	−8.171***
每股净资产	1.576	1.583	1.485	1.473	0.091	3.978***	−4.563***
每股公积金	0.095	0.094	0.076	0.075	0.019	7.229***	−8.786***
每股未分配利润	0.246	0.242	0.239	0.237	0.007	2.041*	−4.225***

注：* 表示在 0.1 的水平上显著；** 表示在 0.05 的水平上显著；*** 表示在 0.01 的水平上显著。

五、回归分析

前文基本分析结果表明，我国 CCBs 引入 FSI 后使得其银行治理结构得到改善，其基本特征较引入前都有很明显的提升。但是，FSI 的存在能否通过"用手投票"或"用脚投票"的方式对 CCBs 的公司治理和经营决策产生影响，进而影响公司绩效，我们还应通过回归分析的方法进行证实。我们以引入后第 t+1 年的银行绩效作为被解释变量，以第 t 年 FSI 持股比例作为解释变量，建立回归方程（1）进行分析，如果 b_1 显著的话则表示 FSI 持股能够对 CCBs 的业绩改善起到积极的作用，存在"用手投票"的效应。

但是，"用手投票"和"用脚投票"这两种效应可能同时存在，即 FSI 持股与 CCBs 绩效存在内生性问题，为此，以第 t 年的 FSI 持股比例作为被解释变量，以第 t-1 年的银行绩效作为主要解释变量，建立回归方程（2）。同样，如果方程（2）中的 b_1 显著，则表明可能存在"用脚投票"的效应。建立的联立方程组如下：

$$Perf_{t+1} = b_0 + b_1 Fsharehold_t + \sum control\ variables + u_i \tag{1}$$

$$Fsharehold_t = b_0 + b_1 Perf_{t-1} + \sum control\ variables + u_i \tag{2}$$

我们选取代表银行基本性质的国有股持股比例、银行总资产、银行资本结构和银行拥有的网点数量作为方程中的控制变量，控制这些指标，是为了更好地检验引入 FSI 后对银行绩效的影响。对于银行绩效，选取指标是总资产回报率（ROA）。表 5 显示了模型（1）、（2）的回归结果。

表 5　模型（1）、（2）的回归结果

	模型（1）	模型（2）
	ROA_{t+1}	$Fsharehold_t$
常数项	−0.059*** （−2.308）	0.0003*** （5.016）
FSI 持股	0.268* （1.692）	
CCBs 绩效		0.072*** （5.178）
国有股持股比例	0.432 （−0.061）	0.107** （1.782）
银行总资产（用 Log 函数对其进行转换）	0.056* （−1.422）	17.313 （0.031）
银行资本结构	0.291 （−0.005）	0.212** （1.845）
银行拥有的网点数量（用 Log 函数对其进行转换）	0.0001** （1.845）	0.009 （0.002）
F 值	14.102***	6.895***
调整的 R^2	0.806	0.591

注：括号内为 t 值，* 表示在 0.1 的水平上显著；** 表示在 0.05 的水平上显著；*** 表示在 0.01 的水平上显著。

对 FSI 入股 CCBs 后的样本相关数据回归分析表明（见表 5），我们可以看出 FSI "用手投票"和"用脚投票"这两种效应同时存在。FSI 入股 CCBs 后能够对银行业绩产生显著为正的影响，起到了积极的促进作用。

值得注意的是，银行规模、网点数量对银行的绩效也有显著的影响。回归分析显示，银行规模越大，企业总资产回报越少，说明规模大的银行在资产回报方面做得还不够好。在外资银行抢滩中国市场的今天，银行除了注重量的方面累积之外，需要在质的方面给予更高度的重视。银行的网点数在一定程度上代表了银行在市场上的份额，网点数量越多，市场份额可能越大，从而能够促进银行业绩的提升。

银行国有股持股比例和资本结构对银行的绩效并无显著影响。但对 FSI 持股比例有显著的影响，说明国有股持股比例和负债率较高的银行对引入 FSI 有更高的积极性。

六、结论及建议

本文在对相关文献进行综述的基础上，结合银行业的行业特征，实证分析了 FSI 参与中国 CCBs 治理前后对 CCBs 基本特征的影响。实证发现：我国 CCBs 引入 FSI 后在其银行基本特征方面较引入前有显著差异，引入后在公司治理、安全性、营利性和成长性等特征方面基本均符合理论预期。同时引入 FSI 后其能对 CCBs 产生"用手投票"和"用脚投票"的积极效应。经验研究的结果表明，2009 年来随着金融业的逐步开放，FSI 的引入对我国 CCBs 的公司治理客观上存在积极的影响。

综上所述，我们认为中国 CCBs 应当在以下几方面做出积极的努力：

第一，加强自身素质建设，明确银行的经营目标，提高银行的盈利能力，增强战略投资者的投资信心。改善银行的经营管理，严格执行信息披露制度，建立以营利为目的的现代化商业银行。我国 CCBs 只有增强自身素质，成为具有发展潜力的商业银行，才能吸引国际著名银行和投资机构的注意力，吸引优秀的战略投资者的加盟。而战略投资者的进入，又会推动上市银行以更快的速度发展，由此形成良性循环，最终，CCBs 的竞争力在此循环中得到增强。

第二，根据引资目的，严格筛选战略投资者。其一，除了具有雄厚的资金实力和先进的管理经验，入选的战略投资者还应该具备 CCBs 不具有的竞争优势，通过战略合作实现"优势互补"，并愿意进行技术的合作和转让以及管理经验的传授。这样的战略投资者进入 CCBs 后，才能有效地带动城市银行全方面发展，尤其是使城市银行原有的不足得到改善。其二，为了防止战略投资者投机现象的出现，除了签订战略投资协议外，还要对战略投资者的资格进行严格的规定，减少一些规模小、投机性强的外国资本入股 CCBs 的可能性，更多地引进享有良好国际声誉的知名金融机构。

第三，明确引进 FSI 的目的。引进战略者的真正目的不仅在于提高资本充足率，更在于完善银行公司治理结构，增强银行的竞争力。因此，在引进战略投资者之后，CCBs 上至高级管理者下至普通员工都要积极参与到与战略投资者的合作中，创造良好的合作氛围，以改善银行公司治理、提高银行竞争力为目标，接受战略投资者提出的合理建议，并配合其予以执行。

第四，加强与战略投资者融合。中外资银行要真正建立战略合作关系，需要经历一个从资本结合到文化融合的过程。要建立定期高管沟通制度，营造融洽的合作氛围，减少由于文化差异导致的摩擦，确保双方合作的顺利进行。另外，员工外派定期学习制度也是加快双方员工之间融合的重要方式。要主动查找和抛弃一切与国际规则不相符的意识和做法，真正按现代商业银行要求开展业务；要增强依法合规经营意识、公平竞争意识、国际规则意识及透明度意识；要全面融入到国际规范的银行业队伍中，与战略投资者建立一种平等合作、相互信任、共谋长远发展的战略合作伙伴关系。

参考文献：

［1］E. Philip Davis. Institutional investors, corporate governance and the performance of the corporate sector［J］. Economic Systems. 2002（26）：203-229.

［2］Schwartz, R., J. Shapiro., The challenge of internationalization of the equity markets, in A. Saunders（ed.）, Recent Developments in Finance［Z］. New York Solomon Center, New York, 1992.

［3］Chen, K.C. Yuan, H.Q. Earnings Management and Capital Resource Allocation：Evidence of China's Accounting -based Regulation of Rights Issues［J］. The Accounting Review, July 2004, 79（3）：645-665.

［4］Jeffery S. Abarbanell and John P. Bonin. Bank privatization in Poland：The Case of Bank Slaski［J］. Journal of comparative economics, 1997（25）：31-61.

［5］Shirley, M.M., Walsh, P., Public versus private ownership：The current state of thedebate.World Bank Research Working Paper Series # 2420. 2000, 326-351.

［6］Yaron Brook, Robert J., Hendershott, Darrell Lee. Corporate governance and recent consolidation in the banking industry［J］. Journal of Corporate Finance 2000（6）：141-164.

［7］Khanna, T., Business groups and social welfare in emerging markets：Existingevidence and unanswered questions［J］. European Economic Review, 2000（44）：748-761.

［8］Yupana Wiwattanakantang. Controlling shareholders and corporate value：Evidence from Thailand［J］. Pacific-Basin Finance Journal, 2001（9）：323-362.

［9］Sadao Nagaoka. R&D and market value of Japanese firms in the 1990s［J］. Journal of the Japanese and International Economies, 2006（20）：155-176.

［10］Zuobao Wei, Feixue Xie, and Shaorong Zhang.Ownership Strcture and Firm Valuein China's Privatized Firms：1991-2001［J］. Journal of Financial and QuantitativeAnalysis, 2005, 3（1）：87-108.

［11］Geroge R.G. Clarke, Robert Cull, Mary M. Shirley. Bank privatization indeveloping countries：A summary of lessons and findings［J］. Journal of Banking & Finance, 2005（29）：1905-1930.

［12］曹廷求. 股份制商业银行治理：基于年报的实证分析［J］. 财政金融，2004（6）.

［13］南开大学公司治理研究中心课题组. 中国上市公司治理评价系统研究［J］. 南开管理

评论，2003（3）.

[14] 李善民，王彩萍. 股权结构对我国上市公司治理影响研究述评［J］. 经济理论与经济管理，2002（6）.

[15] 李维安，张国萍. 经理层治理评价指数与相关绩效的实证研究［J］. 经济研究，2005（11）.

[16] 王琨，肖星. 机构投资者持股与关联方占用的实证研究［J］. 南开管理评论，2005（8）.

❹ 中国上市银行股权结构与经营绩效的实证分析*

　　本文在充分考虑银行业特殊性的基础上，通过采集 2006~2009 年 11 家上市的全国股份制商业银行的数据，建立了一组包括单方程和联立方程在内的模型，实证分析了股权结构与绩效间的关系。研究结果显示，较大的第一大股东的持股比例、控制能力以及较高的股权集中度阻碍了银行绩效的提高，而境外战略投资者和实际控制人的性质是银行绩效的促进剂。此外，研究还发现，董事会规模对绩效有一定的负面影响，而独立董事占董事会的比例以及银行两职分离情况对绩效有促进作用。

一、文献综述

　　我国金融市场完全对外开放后，国内外银行之间的竞争加剧。这场竞争，实质上是现代银行制度的竞争，而现代银行制度的核心就是现代银行公司治理机制。因此，治理结构的优化是提高我国商业银行

＊原文发表在《金融研究》2010 年第 11 期，署名作者：谭兴民，宋增基，杨天赋

竞争力的必由之路。

公司治理作为一个热点，近几年受到了越来越广泛的关注。股权结构被视为公司治理的基础，从根本上决定了公司的管理决策机制及激励约束机制，从而决定了公司的行为方式与经营绩效。西方学者在关于股权结构和公司绩效方面做了大量的研究工作。总体而言，在股权结构对公司价值的影响方面主要有以下 4 种观点：

（1）股权结构与绩效正相关。Shleifer 和 Vishny（1986）认为，外部大股东减少了管理者机会主义，从而降低了管理者与股东的直接代理冲突，这有利于公司价值的提升。后来，Hill 和 Snell（1989）以生产率度量业绩，也证明了美国企业存在这种正的联系。Bonin、Hasan 和 Wachtel（2005）通过对 11 个转型国家的银行数据的研究表明，私有化本身并不能提高银行绩效，引进境外战略投资者对提高银行绩效有积极的影响。此外，Antonio 和 Campbell（2007）发现，股权集中度对绩效存在显著正向影响，当大股东为个人时，对公司绩效也存在显著的正向影响。

（2）股权结构与绩效负相关。Leech 和 Leahy（1991）通过对英国企业价值的研究，发现股权集中度与企业价值及利润率之间存在显著负的联系。Mudambi 和 Nicosia（1998）的研究结论也提供了这样的佐证。另外，Burkart、Gromb 和 Panunzi（1997）认为，集中股权结构条件下大股东的控制降低了管理者的积极性和其他专用资产的投资，从而降低了公司价值。Kim 等（2007）通过对 14 个欧洲国家 229 家公司的数据分析发现，集中的股权与董事会的独立性负相关，从而证明了大股东通过操纵董事会侵占中小股东的权益，降低公司绩效。

（3）股权结构与绩效不单一。Morck、Shleifer 和 Vishny（1988）采用 1980 年《财富》500 强中的 371 家美国公司作为研究对象，认为股权结构对公司价值的影响是复杂的。McConnell 和 Servaes（1990）研究发现，股权结构对公司价值的影响非单一，他们利用 NYSE 和 AMEX 的样本通过实证分析得出一个具有显著性的结论，即 TobinQ 值与公司内部股东所拥有的股权之间具有倒 U 型的曲线关系。

（4）股权结构与绩效无关。Demsetz 和 Lehn（1985）选择 1980 年美国 511 家公司的会计利润率对各种股权集中度指标进行回归，没有发现显著的相关关系。之后，Holderness 和 Sheehan（1988）通过拥有绝对控股股东的上市公司与股权非常分散的上市公司（最大股东持股少于 20%）业绩的比较，发现它们之间的业绩没有显著的差别，因而认为公司的股权结构和公司业绩之间无相关关系。

国内学者对股权结构和公司绩效之间关系也做了一些研究。他们也得出差别化的结论：孙永祥和黄祖辉（1999）的实证研究表明，第一大股东的持股比例与公司的 Tobin Q 值呈倒 U 型关系，并且较高的股权集中度和股权制衡有利于公司价值的提高。陈晓和江东（2000）的研究发现，国有股对公司绩效的负面影响，以及法人股和流通股对公司绩效的正面影响都只在竞争性较强的电子电器行业成立，而在竞争性相对较弱的行业和公用事业并不成立。杜莹和刘立国（2002）发现，股权集中度与公司绩效呈显著的倒 U 型关系，同时，国家股比例与公司绩效显著负相关，法人股比例与公司绩效显著正相关。杨德勇、曹永霞（2007）研究认为，商业银行第一大股东持股比例过大，会导致银行的低效率，而股权集中度与银行绩效正相关。曹廷求等（2007）分别用单方程和 2SLS 对股权结构与公司绩效进行回归，发现股权集中度与公司绩效左低右高的 U 型曲线关系。严若森（2009）研究结果表明，国有股比重与上市公司的经营绩效负相关，大股东治理与上市公司的经营绩效无显著相关性。高正平和李仪简（2010）对我国上市银行的研究发现，主要股东间的相互制衡与银行绩效成正比；国家股权与银行绩效呈现一种左低右高的非对称 U 型曲线关系。

从上述文献我们知道，国内外学者对股权结构与绩效的研究，视角涵盖所有行业，而大部分的实证分析将金融行业剔除在外。部分学者对金融业的研究，多数也采用研究一般公司治理的方法，这使得结论是否适用金融行业值得商榷。事实上，金融行业，特别是银行业在解决治理问题上，有许多区别于一般企业的特征（Caprio、Laeven 和 Levine，2003）。潘敏（2006）从理论上分析了银行业资产结构的特殊性、资产交易的非透明性和严格管制三个典型特征对商业银行公司治理的影响。宋增基（2007）的研究表明，银行的特殊性导致其治理问题不同于一般企业。此外，上述研究几乎没有把董事会考虑在内。董事会在公司的日常运作中，起指导和监督作用，而董事会的结构在很大程度上是由股权结构决定的，研究股权结构与绩效的关系，只有把董事会纳入其中，才能更好地反映两者间的关系。

源于此，本文采用 2006~2009 年上市银行为样本，在充分考虑银行业自身特殊性的基础上，结合董事会特征，从公司治理视角对银行股权结构与绩效的关系进行实证分析，以期发现股权结构与银行绩效间的关系，为我国银行业的改革提供经验证据。

二、研究设计

（一）研究样本

研究选择目前在沪、深 A 股市场上市的全国股份制商业银行，一共 11 家银行作为研究样本。其中，建设银行、中信银行、交通银行和兴业银行 2007 年后才上市，样本时间选取 2007~2009 年，工商银行、中国银行、招商银行、民生银行、华夏银行、浦发银行以及深圳发展银行上市时间较早，选择的时间为 2006~2009 年。之所以选择这个时间段，是因为 2006 年后我国金融市场完全对外开放，数据具有可比性。考虑到银行业数据收集的限制，样本比较少，因此将各家银行的数据制成混合数据。数据来源主要是色诺芬数据库和巨潮资讯网，并以各家银行的年报作为补充。

（二）变量选择与定义

本文在借鉴同类型文献的做法和经验的基础上，使用的变量分为三大类。各变量简要介绍如下：

第一类是描述银行绩效的变量：资产收益率（ROA）和每股收益（EPS）。之所以选择 ROA，而不是国内学者大多采用的净资产收益率（ROE），是因为一些学者的研究表明，中国上市公司为迎合监管部门的规定，对 ROE 存在着大量的利润操纵行为。EPS，显示银行市场价值，有助于揭示银行公司治理结构的有效性。

第二类是描述银行股权结构的变量：第一大股东持股比例（S1）、第一大股东控股能力（HC）、前 5 大股东持股比例（SH5）以及境外战略投资者持股比例（Outshare）。此外，我们还选取虚拟变量 FN，表示国有控股时取 0，非国有控股时取 1。

第三类是控制变量：公司规模（Size，实证中采取公司年末总资产的自然对数）、银行网点数量（NET，实证中采取其自然对数）、资本充足率（CAR）、董事会规模（BS）、独立董事占董事比例（IBP）、虚拟变量 RZ，表示（副）董事长兼任行长取 1，否则取 0。

以上各变量的详细说明如表 1 所示。

表 1　变量及说明

变量类型		变量名称	变量代码	变量含义及说明
解释变量	股权结构变量	第 1 大股东持股比例	S1	第 1 大股东持股数量占总股份的比例
		第 1 大股东控制能力	HC	第 1 大股东持股比例减去第 2 大股东持股比例
		前 5 大股东持股比例	SH5	前 5 大股东持股比例之和
		境外战略投资者持股比例	Outshare	境外所有法人持股比例之和
		虚拟变量	FN	国有控股取 0，否则取 1
	控制变量	公司规模	Size	公司年末总资产的自然对数
		银行网点数	Net	银行网点数量的自然对数
		资本充足率	CAR	资本总额与加权风险资产总额的比例
		董事会规模	BS	董事会人数
		独立董事占董事比例	IBP	独立董事人数占董事会总人数比例
		虚拟变量	RZ	（副）董事长兼任行长取 1，否则取 0

变量类型		变量名称	变量代码	变量含义及说明
被解释变量	绩效变量	资产收益率	ROA	净利润与总资产的比率
		每股收益	EPS	净利润与股本总数的比率

（三）研究方法

1. 单方程模型检验

Performance = Ownership + Board + Corporation

Performance 表示银行绩效，用两个变量衡量。一个是总资产收益率（ROA），代表会计数据，另一个是每股收益（EPS），显示银行市场价值。

Ownership 代表银行股权结构，在实证研究中，我们用四个指标来刻画。第一个变量是 S1，代表第一大股东的持股比例。第一大股东由于其在董事会中对独立董事任免等影响比较大，有可能会影响到董事会的独立性，从而影响银行绩效。第二个变量是 HC，用它来表示银行股权结构的制衡能力。自从"安然事件"之后，越来越多的学者注意到大股东有可能在没有制约的条件下出现损害其他股东的行为，这称为"隧道效应"（tunneling）。因此，制衡能力是体现股权结构的重要指标。HC 值越小，制衡能力越强。第三个变量是 Outshare，代表境外战略投资者持股比例。随着 2006 年底我国金融市场完全对外开放后，各银行陆续引进了境外战略投资者。第四个衡量银行股权结构的是虚拟变量 FN，它表示银行实际控制人的性质。当银行是国有控制时为 0，当实际控制人是民营或者外资时为 1。

Board 代表董事会，用 3 个指标衡量。一是董事会规模，用 BS 表示。二是独立董事人数占董事会总人数的比例，用 IBP 表示。三是虚拟变量 RZ，它表示：当（副）董事长与行长是同一人时取 1，否则取 0。

Corporation，代表银行的基本性质，用 3 个指标刻画。一是银行规模，用 Size 表示，在实证研究中用 Ln（asset）代替（其中，asset 表示银行总资产）。二是银行网点数量，用 Net 表示，在实证研究中用 Ln（net）代替。三是银行的资本充足率，用 CAR 表示。控制这些指标，是为了更好地突出治理结构对银行绩效的影响。

表 2 给出了银行绩效变量与股权结构变量的相关性分析。括号内为 P 值。

表 2　绩效变量与股权结构变量的相关性分析

	ROA	EPS	S1	HC	SH5	Outshare	FN
ROA		0.32** (0.02)	−0.41** (0.02)	−0.37** (0.04)	−0.22*** (0.01)	0.28* (0.07)	0.36** (0.03)
EPS	0.39** (0.03)		−0.41** (0.04)	−0.23*** (0.00)	−0.18** (0.03)	0.25* (0.08)	−0.16* (0.09)
S1	−0.30** (0.04)	−0.36* (0.07)		0.48 (0.15)	0.52** (0.03)	0.27 (0.21)	−0.32 (0.21)
HC	−0.43** (0.02)	−0.13** (0.02)	0.54* (0.08)		0.51* (0.08)	0.28 (0.13)	0.39 (0.12)
SH5	−0.27** (0.04)	−0.29*** (0.01)	0.58** (0.03)	0.45* (0.07)		0.21 (0.15)	−0.18* (0.08)
Outshare	0.35* (0.08)	0.16** (0.15)	0.34 (0.15)	0.24 (0.12)	0.27 (0.14)		−0.37 (0.17)
FN	0.30* (0.07)	−0.24** (0.03)	−0.35 (0.16)	−0.45 (0.22)	−0.13 (0.14)	−0.49 (0.12)	

注：上半部分为 Spearman 检验结果，下半部分为 Pearson 检验结果。***、**、* 表示检验分别在 1%、5%、10%的水平上显著。

表 2 提供了绩效变量与股权结构变量的两两相关系数，从中可以看出，无论是 Pearson 还是 Spearman 相关性检验，第一大股东持股比例与控制能力以及股权集中度的相关程度都很高（分别大于 0.45）。在建立模型的进程中，为了避免 S1 与 HC 的高度相关性，对它们分别进行了回归分析。此外，控制变量间也存在高度相关性，如 Net 与 Size，BS 与 IBP（限于篇幅，不做累述）。在做了大量的回归分析的基础上，我们设定了以下一组单方程计量模型：

Model 1：ROA=F（S1，Outshare，BS，Size，FN，RZ）

Model 2：ROA=F（HC，Outshare，IBP，CAR，Net，FN，RZ）

Model 3：ROA=F（SH5，Outshare，IBP，Net，FN，RZ）

Model 4：EPS= F（S1，Outshare，BS，Size，FN，RZ）

Model 5：EPS = F（HC，Outshare，IBP，CAR，Net，FN，RZ）

Model 6：EPS = F（SH5，Outshare，IBP，Net，FN，RZ）

2. 联立方程模型的检验

前面是将股权结构作为外生变量考虑，现在我们将其作为内生变量来考虑。运用联立方程模型，在控制了其内生性后，来检验股权结构与银行绩效间的关系。联立方程模型如下：

Model 7：ROA=F（SH5，Outshare，IBP，Net，FN，RZ ）

SH5=F（Outshare，IBP，FN，RZ，ROA，S1）

运用三阶段最小二乘法（3SLS）对联立方程进行回归。二阶段最小二乘法（2SLS）只能对模型的一个结构方程进行参数估计，所利用的只是模型参数的部分信息。事实上，总体结构对每个结构参数都有不同程度的影响。三阶段最小二乘法（3SLS）的优点之一就是能充分利用模型结构的全部信息，并且三阶段最小二乘法（3SLS）还系统地考虑了各个方程随机误差项的相关性，而二阶段最小二乘法（2SLS）则假定了各个方程的随机误差项是序列不相关的。因此，相比较二阶段最小二乘法（2SLS）和普通最小二乘法（OLS），三阶段最小二乘法（3SLS）的估计结果更为有效。

使用联立方程模型检验，需要在各个结构方程中加入工具变量。一个好的工具变量，不仅要和内生变量关系密切，而且同时要与误差项没有关系，因此我们选用 Net 作为第一个结构方程的工具变量。另外增加 S1，作为第 2 个方程的工具变量。

三、实证分析

（一）统计性描述

研究选取了 11 家在沪深 A 股市场上市的全国股份制商业银行。在收集的 40 个数据中，有 17 人是（副）董事长兼任行长，占到总数的 42.5%，这显示，在银行业，兼任现象还是普遍存在的。另外，在上市银行实际控制人方面，只有深圳发展银行是境外战略投资者——Newbridge Asia 实际控股，而民生银行则由刘永好家族实际控制，属于民营控股。因此，在所有样本中有 80.0% 是国有控股，占到了大多数。其他变量的统计性描述，如表 3 所示。

表 3 变量的统计性描述

名称	最大值	最小值	中值	均值	标准差
S1	51.33	5.92	19.25	20.64	10.08
HC	38.90	2.69	9.74	12.01	9.75
SH5	73.85	21.61	38.16	41.12	12.21
Outshare	19.15	1.79	16.89	12.31	6.73
Size	28.62	26.73	27.62	27.68	0.52
Net	7.88	5.59	6.09	6.24	0.68
CAR	13.88	5.92	8.98	10.07	2.44
BS	18.00	13.75	17.50	16.55	1.66
IBP	0.40	0.30	0.35	0.34	0.03
ROA	20.36	11.43	18.38	16.73	3.19
EPS	1.76	0.25	0.45	0.71	0.50

表 3 显示，在治理结构方面，董事会规模和独立董事占董事会的比例都相差不大，各行第一大股东持股比例普遍较低，这可能和严格的监管制度有关。同时，股权结构中的制衡能力各行之间差别较大，股权集中度也存在一定的差异。在银行基本数据方面，各行资产规模

和网点数相差较大，特别是国有银行和其他商业银行相差很大，通过取对数处理以后，差距变得不多，这有利于我们的研究。在银行绩效方面，ROA 表现出总体稳定的态势，各行之间差别不大，而 EPS 相差却比较大。

（二）回归分析

1. 单方程模型回归分析

表 4 用一组单方程模型考察了股权结构与银行绩效间的关系。括号内是 P 值。

表 4　股权结构与银行绩效间单方程回归分析

自变量	因变量					
	ROA			EPS		
	Model 1	Model 2	Model 3	Model 4	Model 5	Model 6
S1	−0.16*** (0.00)			−0.12** (0.02)		
HC		−0.19** (0.01)			−0.09** (0.04)	
SH5			−0.17*** (0.00)			−0.13** (0.02)
Outshare	0.43* (0.08)	0.17 (0.12)	0.25* (0.07)	−0.11** (0.04)	0.24 (0.15)	0.19* (0.10)
BS	−0.94 (0.15)			−0.40* (0.09)		
IBP		0.72* (0.08)	0.64 (0.13)		0.45 (0.16)	0.62* (0.09)
Size	−0.33** (0.04)			0.42** (0.02)		
Net			1.48* (0.08)			0.97** (0.02)
CAR		0.29** (0.05)			0.37** (0.03)	
FN	1.08* (0.07)	0.40* (0.09)	0.53 (0.24)	1.21 (0.13)	0.37 (0.18)	1.35* (0.08)
RZ	1.26* (0.08)	2.04 (0.21)	1.23** (0.03)	−0.87 (0.12)	1.63 (0.16)	0.86 (0.13)
R−squared	0.27	0.24	0.20	0.16	0.23	0.19

注：***、**、* 表示检验分别在 1%、5%、10%的水平上显著。

模型 1~6 中的几个自变量可以归为两类，一类是衡量银行治理结构的变量；另一类是描述银行基本特征的变量。

表 4 显示，治理结构对银行绩效的影响，有的很显著，有的不是很显著。股权结构方面，第一大股东持股比例、第一大股东控制能力以及股权集中度对银行绩效有显著的负面影响；境外战略投资者和银行实际控制人的性质对绩效有一定的促进作用。董事会方面，董事会规模对绩效有一定负面影响；独立董事占董事会的比例以及银行两职分离情况对绩效有一定的正面影响，但效果不是很显著。银行基本特征方面，资产规模、网点数、资本充足率对绩效有比较显著的影响。

我们注意到，治理结构的改善对银行绩效的提升是有帮助的。从表 4 中可以看到，第一大股东持股比例以及股权集中度对银行绩效存在负的相关关系。这提醒我们，在银行业，"隧道效应"（Tunneling）还是可能存在的。如果缺乏更好的制衡环境，以及更有效的监督力量，侵占银行利益的事情还是有可能会发生。另外，分析结果还提示，引进一定的战略投资者对银行的业绩提升有帮助。这样有助于解决商业银行治理结构和机制不完善的问题，有助于改善和提高资产质量，建立良好的经营管理、内控及风险防范机制，提升商业银行竞争力。现阶段之所以作用不显著，可能的原因是我国的金融市场完全对外开放的时间短，磨合和适应还需时日。

替代理论（Substitution）认为，治理结构之间是互相替代的。当公司的股权结构分散，股权制衡能力较好，几个大股东之间互相牵制时，那么中小股东的利益保护会比那些拥有一股独大的股权结构的公司要好。由于我国商业银行陆续上市，再加上监管等原因，股权分散化趋势越来越明显，股权结构的制衡能力相比一般企业也要好一些，因此独立董事的监督能力弱化，其对银行绩效的促进不明显。而独立董事本身的因素也可能促成这样的结果。独立董事由于地位特殊，因此平时对银行的信息掌握不够，又加上部分独立董事身兼数职，尽管有些人在银行待了数年，但是没有精力来履行独立董事的职责，造成了独立董事设置的形式化。另外，我国独立董事制度普遍存在责、权、利之间的失衡，激励不足却要承担很大的责任风险，这使得独立董事在行使职责时难免有后顾之忧，这也是研究结果为什么显示银行独立董事作用不明显的原因之一。

对银行的基本性质，一个有趣的现象是，模型1回归分析显示，银行规模越大，银行总资产回报越少。但是模型3却显示，银行的规模越大，企业的市场价值越高。这明显地表示，广大投资者认为，银行的规模越大，今后银行升值的潜力越大，因此在股票市场上给予规模大的银行一个更好的评价。但是现实的情况却显示，规模大的银行在资产回报方面做得还不够好。在外资银行抢滩中国市场的今天，银行除了注重在量的方面累积之外，还需要在质的方面给予更大的重视。

银行的网点数在一定程度上代表了银行实力的大小，银行网点数量越多，资产收益率可能越大，从而能够促进银行业绩的提升。从模型6可以看到，网点数的多寡也暗示了银行今后发展的潜力的大小。

资本充足率对于银行来说，作用是多方面的。首先是缓冲功能，即一旦发生意外损失，而日常盈余无法弥补时，资本可以起到缓冲作用，是增强公众信心的"招牌"。其次，它可以减少银行过度冒险的行为动机并防范风险。模型2和模型5也说明了这一点。

总的来说，银行治理结构对绩效的影响，有的很显著，有的不是很显著；而银行基本特征对银行绩效的影响都是比较显著的。

2. 联立方程模型回归分析

表5是运用三阶段最小二乘法（3SLS）对模型7的回归结果，括号内是P值。

表5　股权结构与银行绩效间联立方程回归分析（3SLS）

外生变量	内生变量	
	ROA	SH5
ROA		−1.61** （0.04）
SH5	−0.37** （0.03）	
Outshare	0.57** （0.03）	−0.91 （0.21）

外生变量	内生变量	
	ROA	SH5
IBP	1.58* (0.07)	−1.83* (0.08)
Net	2.45** (0.02)	
FN	0.92** (0.02)	−2.57 (0.54)
RZ	1.76*** (0.01)	1.20 (0.14)
S1		2.56** (0.02)

注：***、**、*表示检验分别在1%、5%、10%的水平上显著。

表 5 显示，在控制了变量内生性的影响之后，股权集中度对银行绩效仍然有一定的负面影响，但是它们对绩效的影响没有表 4 显示的那么显著了。此外，境外战略投资者持股比例以及银行实际控制人性质对绩效的正面影响变得更显著了。这暗示我们，如果在股权结构方面进一步改善的话，银行绩效将会变得更好。同时，对比表 4，在考虑股权结构内生性之后，两职分离情况以及独立董事占董事会比例对银行绩效的作用变得显著。另外，我们发现，资产收益率、独立董事占董事会比例对股权集中度的负面影响显著，即资产收益率、独立董事占董事会比例与股权集中度呈相反方向变化。

四、结论与启示

国内上市银行与一般企业在许多方面存在差异，简单套用以往的治理结论有失偏颇。本文在结合银行业自身特点的基础上，实证分析了我国上市银行股权结构与绩效的关系。研究发现，第一大股东持股比例、控制能力以及股权集中度对银行绩效有显著的负面影响；境外战略投资者和银行实际控制人的性质对绩效有一定的促进作用。这说明，银行公司治理结构与绩效密切相关。要想提高我国银行绩效，就应该提高我国银行业的公司治理水平，即减少大股东的持股比例，降低股权集中度，适当增加境外战略投资者以及淡化国有控股。

研究结果还显示，董事会规模对绩效有一定负面影响；独立董事占董事会的比例以及银行两职分离情况对绩效有一定的正面影响，但效果不是很显著；资产规模、网点数以及资本充足率对银行绩效有比较显著的影响。此外，研究还发现，资产收益率、独立董事占董事会比例与股权集中度呈相反方向变化。

另外，研究对广大投资者、监管者、银行的管理者以及股东有一定的参考价值。

首先，银行业的公司治理要充分考虑到银行业本身的特点。比如高负债、股权分散、严格监管等。这些因素对治理结构有很大的影响，银行业的治理不能简单地套用一般企业的治理结论。

其次，引进战略投资者。这样不仅能够改善银行内部治理结构，还能促进业绩的提升。研究结果表明，国内上市银行大多是国有控股，如果能在此基础上适度地引进一些非国有战略投资者，改变一定的股权结构，将能促进董事会的独立性，从而改善银行治理结构。并且引进外资合作伙伴，能够尽快学习先进的银行经营理念，熟悉国际银行运行规则，这对全面提升国内银行的竞争力会起到较好的效果。特别值得注意的是，开放国内民营资本进入银行业也同样有益。

再次，增加独立董事的比例。公司治理是一个不断发展的过程，随着现代企业制度的发展，独立董事在公司治理中的作用将越来越明显。

最后，研究显示，要想促进银行业绩的提升，改善治理结构和扩大市场份额同等重要，不可偏废。

参考文献：

[1] Shleifer, A., and Vishny, R.W., Large Shareholders and Corporate Control [J]. Journal of Political Economy, 1986, 94 (3): 461–488.

[2] Hill, C., and Snell, S., Effects of Ownership Structure and Control on Corporate

Productivity [J]. Academy of Management Journal, 1989, 32 (1): 25–46.

[3] Bonin, J.P., Hasan, I., Wachtel, P., Bank Performance, Efficiency and Ownership in Transition Countries [J]. Journal of Banking&Finance, 2005, 29 (1): 31–53.

[4] Antonio, M.V., Campbell, K., The Influence of Gender on Spanish Boards of Directors: An Empirical Analysis. Working Papers. Serie EC, 2007.

[5] Leech, D., and Leahy, J., Ownership Structure, Control Type Classifications and the Performance of Large British Companies [J]. Economic Journal, 1991, 101 (11): 1418–1437.

[6] Mudambi, R., and Nicosia, C., Ownership Structure and Firm Performance: Evidence from the UK Financial Services Industry [J]. Taylor and Francis Journals, 1998, 8 (2): 175–180.

[7] Burkart, M., Gromb, D., and Panunzi, F., Large Shareholders, Monitoring, and the Value of the Firm [J]. The Quarterly Journal of Economics, 1997, 112 (3): 693–728.

[8] Kim, K.A., Kitsabunharat-Chatjuthamard, P., Nofsinger, J.R., Large Shareholders, Board Independence, and Minority Shareholder Rights: Evidence from Europe [J]. Journal of Corporate Finance, 2007, 13 (5): 859–880.

[9] Morck, R., Shleifer, A., and Vishny, R.W., Management Ownership and Market Valuation: An Empirical Analysis [J]. Journal of Financial Economics, 1988, 20 (1): 293–315.

[10] McConnell, J. J., and Servaes, H., Additional evidence on equity ownership and corporate value [J]. Journal of Financial Economics, 1990, 27 (2): 595–612.

[11] Demsetz, H., and Lehn, K., The Structure of Corporate Ownership: Causes and Consequences, Journal of Political Economy [J]. 1985, 93 (6): 1155–1177.

[12] Holderness, C. G., and Sheehan, D. P., The Role of Majority Shareholders in Publicly Held Corporations: An Exploratory Analysis [J]. Journal of Financial Economics, 1988, 20 (1): 317–346.

[13] Caprio G., Laeven L., and Levine, R., Governance and Bank Valuation [R]. NBER Working Papers No. 10158. 2003.

[14] 孙永祥, 黄祖辉. 上市公司的股权结构与绩效 [J]. 经济研究, 1999 (12): 23–30.

[15] 陈晓, 江东. 股权多元化、公司业绩与行业竞争性 [J]. 经济研究, 2000 (8): 28–35.

[16] 杜莹, 刘立国. 股权结构与公司治理效率: 中国上市公司的实证分析 [J]. 管理世界, 2002 (11): 124–133.

[17] 杨德勇, 曹永霞. 中国上市银行股权结构与绩效的实证研究 [J]. 金融研究, 2007

（5）：87-97.

　　[18] 曹廷求，杨秀丽，孙宇光.股权结构与公司绩效：度量方法和内生性 [J]. 经济研究，2007（10）：126-137.

　　[19] 严若森. 论上市公司股权结构与经营绩效的关系. 财经问题研究，2009（6）：80-83.

　　[20] 高正平，李仪简. 我国商业银行股权结构对银行绩效影响的实证分析 [J]. 中央财经大学学报，2010（4）：18-23.

　　[21] 潘敏. 商业银行公司治理：一个基于银行业特征的理论分析 [J]. 金融研究，2006（3）：37-47.

　　[22] 宋增基，陈全，张宗益.上市银行董事会治理与银行绩效[J]. 金融论坛，2007（5）：35-40.

⑤ 中国上市银行薪酬激励与绩效的实证研究*
——基于高管与员工薪酬差异的视角

本文试图分析我们上市银行高管"高年薪"的合理性，进而分析了上市银行薪酬激励与经营绩效的关系。研究结果表明，我国上市银行高管层的薪酬和银行绩效没有明显的相关关系，而员工薪酬激励与银行绩效有显著的正相关关系；并且银行高管薪酬和员工薪酬差异过大，缩小差异对银行绩效有显著的正相关影响；而对于银行行长的股权激励在我国上市银行绩效并不显著。

一、引言

2010年7月15日，中国农业银行股份公司登陆资本市场，以全球最大IPO的上市记录，使国有独资银行成为历史，也见证了国有独资商业银行股份制改革的阶段性收官。从农行到中行、工行、建行，中国银行的现代化和市场化蝶变在过去30多年加速演进。国有银行股

* 原文发表在《金融论坛》2011年第6期，署名作者：宋增基，夏铭，陈开。

份制改造后的本质变化之一就是现代公司治理机制初步建立。股改之前，各行基本是以行长为中心的集中管理体制。股改之后，各大型银行引进了境内外机构投资者并公开发行上市，实现了股权多元化和资本所有者对银行的有效监管，建立了董事会、监事会和高级管理层之间各司其职、有效制衡、协调运作的公司治理结构。董事会下设了多个专业委员会，董事会的咨询和决策作用得到进一步发挥，建立了独立董事制度，引入多名中外专家担任独立董事，董事的专业性不断增强，对银行的约束力不断强化，上市银行已基本建立起以提升公司价值为核心，最大限度地兼顾投资者、金融消费者和员工三者之间利益的现代商业银行经营理念。

中国国有银行股份制改革的终极目标是提升中国银行业与国际一流银行可比较的持续竞争优势的建设，其中对公司管理者的激励是公司治理结构中非常重要的一个问题。近段时间，有关国内银行行长的薪酬问题在各种媒体上被大家广泛讨论。事实上，讨论行长的薪酬高低多少，在学术界被认为是在当前现代企业制度下，所有权与经营权相分离的实际背景下必然产生的高管激励问题。

银行业不同于一般企业的特点之一是高监管。银行业有众多的监管机构对其实施监管，包括央行、银监会、国资委、财政部等，又有许多法律法规制度对它的各种行为进行约束。这样的监管体系对于银行自身的公司治理结构是否会有替代作用或促进作用，就值得研究。特别地，这种高监管是否会在一定程度上替代高级管理层的激励制度。因为可能的情况是，在严密的监管体制下，高级管理层与股东间的代理成本将会降低，董事会对高级管理层设置的激励制度将有所影响，比如削减一部分激励措施。这样，银行业因为有高监管的特性，可能在治理结构上产生替代效应。

银行业的另一个独特点是高负债，银行业的资产负债比显著高于一般企业。这样的资本结构，将产生一个问题：银行高级管理层将谁的利益放在首位，银行债权人还是股东？或者说，银行债权人的利益与银行股东之间的利益冲突是否有别于一般企业，这样的情况将会对治理结构产生怎样的影响？这些问题的答案决定了银行高级管理层对银行运营的实际操作，由此影响银行业绩。这样的高负债结构将对银行业的代理问题，特别是对高级管理层产生什么样的影响，是值得关注的又一个重点。

银行业的这些特殊性对其自身公司治理问题，将会产生不同于一般企业的治理影响。而以往的文献在此方面研究还鲜有涉及，因此其关于高级管理层激励问题的研究结果是否适用于银行业还有待商榷。我们的研究立足于银行业本身，在充分考虑银行业特殊性的基础上，深入考察银行业 CEO 报酬及银行内的报酬差异与银行绩效间关系。文章试图对银行治理方面的研究做进一步开拓，同时也希冀该研究对实务界有所启迪。

二、理论背景与文献综述

（一）薪酬激励与公司业绩

关于高管薪酬与公司绩效的关系，学者们的研究都是基于委托代理关系，但是由于不同的数据来源、不同的统计技术、选取不同的控制变量而导致研究的结论存在不一致现象。国外的研究有，Jensen 和 Meckling（1976）认为，薪酬和晋升能够对代理人努力产生强激励作用，同时还可以减少偷懒和"搭便车"行为。Murphy（1985）的实证研究结果表明，经营者报酬与公司业绩之间存在正相关性。Jensen 和 Murphy（1990）研究了现金报酬、内部持股方案和解雇威胁所产生的激励作用，考察了这几种报酬形式对业绩的敏感性，并发现股东财富每变化 1000 美元，CEO 的财富就变化 3.25 美元。Mehran（1995）检查了随机选择的 1979~1980 年制造行业中的 153 家公司的薪酬结构并为倡导执行激励薪酬提供了证据，他的发现也指出薪酬的形式而非其水平更能激励经理增加公司价值，公司业绩与基于权益的管理薪酬的百分比及经理所持有权益的百分比是相关的。Barro（1990）认为，CEO 的薪酬变化取决于经营绩效，即二者之间存在着正相关的关系，其衡量指标为股票回报和现金收益变动，它充分体现了股票期权对高管人员的激励作用。Houston 和 James（1995）的研究显示，银行业 CEO 平均所持有的股票期权以及股票期权在其总收入中所占的比重都低于制造业的 CEO。

国内的研究有，魏刚（2000）、李增泉（2000）、杨瑞龙和刘江（2002）等考察了中国上市公司高级管理人员激励与公司业绩之间的敏感性以及经理报酬与企业规模、国有股股权比例之间的相关关系，发现经理报酬与公司业绩不存在显著的正相关关系，与高级管理人员持股比例不存在显著的负相关关系，而与企业规模显著正相关。张俊瑞等（2003）的研究表明，高级管理人员年度薪金报酬与每股收益和公司规模显著正相关，与高管持股比例显著正相关，与国有股比例存在较弱的负相关关系。陈学彬（2005）认为，中国商业银行薪酬形式单一、长期激励机制缺乏。杜兴强和王丽华（2007）对中国上市公司薪酬与业绩之间的相关性进行了基础检验，发现中国上市公司的高管人员薪酬差异非常大——最高薪酬有 97 万元之巨，而最低薪酬只有 2840 元，高层管理当局薪酬随着公司本期 ROE 及 ROA 和前期 ROE 及 ROA 的增长而增长，前期 Tobin Q 的增长会带来高层管理当局的薪酬的增长，但是本期 Tobin Q 的增长却会使高层管理当局的薪酬有所降低。潘敏（2006）也从理论上分析了银行业资产结构的特殊性、资产交易的非透明性和严格管制三个典型特征对商业银行公司治理的影响。宋增基等（2008）研究发现，银行 CEO 报酬对银行业绩有显著促进作用，而对股东权益却有相反影响，并且银行业绩和规模对银行 CEO 报酬有显著影响。

（二）薪酬差异与公司业绩

薪酬合理性在公司运营中也是一个重要的因素，财政部 2009 年明确要求金融企业负责人总薪酬不应高于 280 万元，2008 年业绩下降的国有金融机构，高管人员薪酬再下调 10%。2009 年 9 月人力资源和社会保障部等部门联合出台《关于进一步规范中央企业负责人薪酬管理的指导意见》，这是中国政府首次对所有行业国有企业颁布的高管"限薪令"。

国内外学者关于企业内部薪酬差异对企业绩效和员工态度的影响关系有着激励的争论，目前普遍接受的有两种观点：锦标赛理论（Tournament Theory）和行为理论（Behavior Theory）。

锦标赛理论认为在合作生产和相互依存的团队任务条件下，随着监控难度的加大，大的薪酬差异可以降低监控成本，为代理人和委托人的利益一致提供激励保障，所以薪酬差异可以提高公司绩效。林浚清等（2003）检验 CEO 和非 CEO 的薪酬差异与公司绩效之间的关系，发现中国上市公司薪酬差异和未来公司绩效之间存在正相关关系。

而行为理论则强调合作精神，认为较小的薪酬差异有利于组织或团队合作，同时也会减少管理层内部玩弄政治阴谋以达到打击其竞争对手或者薪酬制定者权威的可能性，所以行为理论认为小的薪酬差异会提升公司的绩效。Cowherd 和 Levine（1992）认为，如果薪酬差异太大，公司低层管理人员和员工感觉到他们没有得到应该得到的薪酬，就会有被剥削的感觉，从而会导致罢工、怠工等不合作的负面行为，也会导致低层管理人员和员工对组织目标的漠不关心和企业凝聚力下降现象的产生。Siegel 和 Hambrick（1996）发现，在管理层共谋比较严重的行业，较小的薪酬差异会带来较高的股票回报率。Henderson 和 Fredrickson（2001）则发现，在预测公司绩效时，锦标赛理论和行为理论是互补的。Carpenter 和 Sanders（2004）检验了高管团队薪酬、公司的国际化程度和它的未来市场份额和会计表现之间的关系，发现

CEO 和其他高管团队之间的薪酬差异与公司绩效呈负相关关系。张正堂（2008）分别研究了高管团队内部薪酬差异和高管团队与员工间的薪酬差异，发现都对未来绩效有负向的影响。

值得注意的是，已有的文献绝大部分只讨论一般企业的高管激励问题。这些研究没有考虑每个行业各自独特性在该治理问题上的作用。也有一小部分研究考虑了行业影响，但是只是简单地将行业进行分类类比，没有深入地从行业独特性的角度考察高管激励问题（魏刚，2000）。特别是，对于银行业的高管激励问题的研究少之又少。事实上，银行业自身的特殊性，会对治理效果产生不容忽视的影响，已经有一些学者注意到了这个问题。Prowse（1995）、John 和 Qian（2003）、John、Mehran 和 Qian（2003）等就从银行业自身特点出发研究了银行董事会人员构成、高管激励等治理问题。而国内学者潘敏（2006）也从理论上分析了银行业资产结构的特殊性、资产交易的非透明性和严格管制三个典型特征对商业银行公司治理的影响。最近，宋增基等（2007）的实证研究也表明，银行的特殊性导致其治理问题不同于一般企业。

三、我国上市银行薪酬激励与公司绩效的相关关系

基于对已有文献的总结和探索，本文采用在沪深 A 股市场上市的 14 家股份制商业银行为样本，其中，交通银行、建设银行、兴业银行和中信银行 2007 年才上市，样本选取的时间为 2007~2009 年，工商银行、民生银行、浦发银行、华夏银行、招商银行、中国银行和深圳发展银行上市时间较早，选择的时间为 2006~2009 年，从公司治理视角对银行行长薪酬激励与绩效的关系进行实证分析。本文所用数据来自国泰君安数据库和各银行年报的相关数据。

（一）薪酬激励与银行业绩的描述性统计

一般认为薪酬激励分为股权激励和现金激励两种方式。从我们所选取的样本中来看，目前国内只有三家银行（南京银行、宁波银行、北京银行）对行长存在股权激励，且股权份额很少，呈逐年递减趋势。以南京银行为例，2007 年南京银行行长股权份额为 0.006%，到 2009 年股权份额只有 0.001%。股权激励作为有效的薪酬激励方式，在中国上市银行中还没有普及。从银行行长的现金报酬来看，目前我们上市银行行长的薪酬都普遍较高，表 1 给出了中国上市银行行长的现金报酬描述性统计。

表 1　银行行长薪酬统计量

单位：万元

银行数量		2006 年	2007 年	2008 年	2009 年
	有效	7	14	14	14
	缺失	7	0	0	0
均值		307.9865	348.489	304.9636	243.198
中值		158.5000	201.770	175.5400	184.605
标准差		324.15525	303.4914	251.76897	154.7739
方差		105076.628	92107.052	63387.612	23954.955
极小值		103.89	107.5	85.00	75.5
极大值		995.00	1004.6	853.92	530.6

从表 1 可以看出，近 3 年银行行长薪酬均值处于下降水平，同时也可以观察到每年的行长薪酬最大值和最小值差异很大，特别是 2008 年，薪酬最低值和最高值达到 10 倍。并且各个银行的行长薪酬平均差别也比较明显，招商银行行长平均薪酬最高达到每年 682.29 万元，而工商银行行长平均薪酬仅为 134.175 万元。目前，我国上市银行行长报酬结构存在不合理、形式单一的现象。

接下来，我们分析银行行长、董事会人员、管理层以及员工同银行规模之间的关系，如图 1 所示。

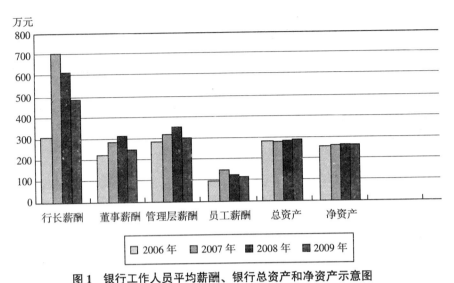

图1 银行工作人员平均薪酬、银行总资产和净资产示意图

注：其中总资产和净资产数值取他们自然对数然后扩大 10 倍，员工薪酬也扩大了 10 倍。

图 1 中董事会人员薪酬和管理层薪酬是公司年报中薪酬最高的前三名董事薪酬和管理层薪酬的均值。从图 1 中可以看出 2007 年银行行长薪酬大幅上升，可能的原因是 2007 年多家银行上市，并且 2007~2009 年银行行长薪酬都要高于 2006 年。而银行总资产和净资产相对变化很小，说明银行总体发展趋势平稳。员工薪酬与行长薪酬、董事薪酬及管理层薪酬差异明显，说明我国银行支持薪酬激励的锦标赛理论（林浚清、黄祖辉、孙永祥，2003）。

（二）银行薪酬与银行业绩的实证分析

根据上面的表 1、图 1 中并不能明显地看出银行薪酬和公司业绩及其他因素是否存在显著关系，为了弄清楚中国银行薪酬激励与公司绩效的相关关系及影响银行行长薪酬的决定因素，我们对银行薪酬和银行业绩之间的关系进行了实证分析。

1. 变量的相关性分析

我们选取加权平均的净资产收益率（ROE）和每股收益率（EPS）作为对银行业绩的衡量标准，分析了净资产收益率（ROE）和每股收益率（EPS）与其他变量之间的相关性。本文选取以下研究变量，即银行行长报酬（当年的银行行长现金报酬 CEO-St 和上一年的银行行长报酬 CEO-St-1）、银行行长是否持股（CEOSHARE）（作为虚拟变量，持股取值为 1，否则取值为 0）、董事薪酬平均年薪报酬（BOARD-S）（薪酬最高的前三名的平均值，下同）、管理层平均年薪报酬（MANAGE-S）（薪酬最高的前三名的平均值，下同）、员工报酬（YUGONG-S）、公司成长性（GROWTH）及公司规模（SIZE），如表 2 所示。

表 2　相关系数

		ROE	EPS
EPS	相关系数	0.696	1.000
	样本数	49	50
ROEt-1	相关系数	0.275	0.398
	样本数	35	35
CEO-St	相关系数	0.156	0.087
	样本数	49	49
CEO-St-1	相关系数	0.162	0.108
	样本数	35	35
CEOSHARE	相关系数	−0.284	−0.046
	样本数	49	49
SIZE	相关系数	0.055	−0.366
	样本数	49	50
GROWTH	相关系数	0.405	0.305
	样本数	36	36
INDPENGENGT	相关系数	0.205	0.329
	样本数	49	49
BOARD-S	相关系数	0.029	0.096
	样本数	49	49
MANAGE-S	相关系数	−0.041	0.020
	样本数	49	49
YUGONG-S	相关系数	0.299	0.487
	样本数	49	49

从表 2 中并不能得到 CEO 薪酬和公司绩效的显著相关关系，而员工薪酬与公司的绩效显著相关，并且银行行长持股与 ROE 呈弱负相关

关系，其原因可能是样本中仅存在南京银行、宁波银行和北京银行三个银行行长的股权激励，并且这三个银行行长持股很小基本可以忽略。过低的持股比例，根本无法把高级管理人员的利益与公司（股东）的利益紧紧地捆在一起。另外，中国高级管理人员持股方案只是作为内部员工持股的一个部分，并不是作为一个独立的激励计划而存在，中国股票一级市场和二级市场存在巨大差别，持股的高级管理人员无需付出太多即可获得巨大的利益，这使得中国高级管理人员持有是一种变相的福利制度，而不是作为一种激励制度，并且中国高级管理持股计划并不是和公司业绩挂钩的，无论公司高级管理人员表现好坏这种福利待遇都将存在，所以中国上市公司的股权激励仍存在很大的不足（魏刚，2000）。这里的结论和胡铭（2003）的发现有很大的相似性，他研究发现，国内上市公司经营绩效与管理者报酬之间不存在显著的正相关关系，可能的原因是国内公司管理人员持股制度僵硬，持股比例偏低，以及受外界因素的影响（如政府），现有的报酬制度不能起到激励作用。银行的成长性和独立董事的比例分别与 ROE 和 EPS 有正相关关系。而表 3 中公司规模对 EPS 有弱负相关关系说明银行独特的资本结构，即银行的高负债性。

图 1 中员工薪酬和银行行长薪酬差异明显，而表 2 中银行行长薪酬对银行绩效影响没有明显的正相关关系。但员工薪酬对银行薪酬有明显的正相关关系，从这样的结果中我们可以表面地判断出，中国银行的薪酬制度不是很合理，即贡献与回报不能画等号。

2. 薪酬激励与公司绩效的相关性分析

我们下面通过建立回归模型进一步的检验（根据银行自身的独特性我们选取 ROE 作为因变量），具体结果如表 3 所示。从表 3 可以看出，仅有员工薪酬对银行绩效有较明显正相关性，上文相关系数表中银行行长薪酬与银行绩效并无相关关系，而回归模型中加入控制变量之后，银行行长薪酬与银行绩效之间表现出一定的正相关关系。表明银行行长薪酬激励与银行绩效正向关联。而银行行长上一年的薪酬和银行绩效无显著的相关关系，说明行长薪酬可能只与当年的公司绩效挂钩，与其上一年的表现关系不大。前文中已经分析过银行行长股权激励与银行绩效之间的关系，在回归检验中继续得到验证。

管理层薪酬与银行绩效无显著的相关关系，可能是因为中国银行现在的管理体系中"行政色彩"还是比较浓重，管理人员大多是由主管部门任命，其本身还兼任一些国家行政职位，并且对他们来说政治激励比薪酬激励更具有吸引力（宋德舜，2004）。这种现象就属于"激励空缺"，在将来国家的激励制度改革中这点应该作为重中之重。而董事薪酬激励与银行绩效也无显著的相关关系，主要原因是因为董事薪酬激励一般都是固定不变的，并且银行董事会变动很小，在本文搜集的 2006~2009 年的样本中，（副）董事长变动的案例仅有 4 例，且董事大多数也都是兼任国家行政岗位。

表3　薪酬激励与公司绩效的线性回归

	1	2		3			4	5	6
因变量	ROE	ROE		ROE			ROE	ROE	ROE
自变量	CEO–St	CEO–St + CEOSHARE		CEO–St–1 + CEO–St + CEOSHARE			MANAGE–S	BOARD–S	YUGONG–S
t	1.996	1.221	−1.006	1.208	−0.062	0.055	0.030	1.010	2.307
Sig.	0.052	0.229	0.320	0.237	0.951	0.957	0.976	0.318	0.026
b0	−0.582	−0.279		−0.716			−0.113	0.090	−0.351
b1	0.362	0.255	−0.352	0.428	−0.023	0.025	0.003	0.052	0.123
R^2	0.867	0.867		0.886			0.855	0.858	0.871
F	54.273	46.677		35.002			49.064	50.397	56.021
样本数	50	50		36			50	50	50

注：①每一列均表示一个独立线性回归模型，其中每个回归模型都包括公司规模和独立董事的比例为控制变量，而自变量和因变量是表中第二行和第三行中的变量。第 4 行列出了线性回归模型中该解释变量的 t 统计量。随后的三行报告了回归系数，b0、b1 分别表示常数项和解释变量的回归系数。最后三行分别报告了模型的 R^2、F 统计量和样本数。由于篇幅有限故没有列出控制变量的回归系数。

②回归分析时对 CEO–S、CEO–St–1、MANAGE–S、YUGONG–S 及控制变量公司规模的数值均做过对数处理。

就检验结果来看，银行高级管理人员（包括行长、董事及管理层，下同）的货币收入与银行经营绩效不存在显著的正相关关系，表现出明显的激励不对称。这可能是由于：

第一，中国上市银行的薪酬制定制度还不是很完善，很多银行高级管理人员的薪酬都是固定的年薪制，并且与银行业绩关系不大；在银行业绩好的时候，银行行长薪酬还能因此得到增加；在银行业绩差的时候，行长薪酬也不会因此下降。并且中国上市银行高级管理人员权利过大，存在自己为自己制定待遇水平的可能性。

第二，近年来，中国银行的相关监督部门对银行高管薪酬的限制越来越严格。例如，在 2011 年 3 月 10 日，银监会正式下发《商业银行稳健薪酬监管指引》，规定商业银行主要负责人绩效薪酬不得超过其基本薪酬的 3 倍，且高管绩效薪酬的 40% 以上应采取延期支付的方式，且期限不少于 3 年。

第三，非货币收益提供了足够的激励。在实证研究中并没有考虑高管的灰色收入，并且银行高管人员大多还有行政级别。1997 年的一份调查结果表明，高达 32.6% 的股份公司经营者表示对其经济地位无所谓，他们更在乎的是职位等级和行政等级。

银行行长薪酬与银行员工薪酬差异明显，但仅仅员工薪酬激励对银行绩效有正相关关系，这是否可以说中国上市银行薪酬激励制度不合理呢？下面我们根据银行高管和员工薪酬差异对银行绩效的影响，来检验中国上市银行薪酬激励制度的合理性。

四、我国上市银行薪酬制度合理性分析

Jensen 和 Merphy（1990）提出，衡量高管薪酬激励强度的标准不是绝对报酬额，而是相对报酬的思想。借鉴该思想，我们结合前文中的实证分析结果来探究中国上市银行高管与员工薪酬的差异是否合理。

首先，我们分析了银行高级管理人员和银行员工的薪酬差异，这里我们以员工的薪酬为基准，比较每年银行高管薪酬与员工薪酬的倍数。具体结果如表4所示。

表4　银行高管和员工薪酬比较

	2006 年	2007 年	2008 年	2009 年	平均值	标准差
行长员工薪酬比	32.923	48.313	50.731	43.614	43.895	7.889
董事员工薪酬比	23.774	19.791	26.010	21.841	22.854	2.659
管理层员工薪酬比	30.269	21.932	29.409	26.835	27.111	3.749

从表4可以看出，员工薪酬和银行高管的薪酬差异是比较明显的，特别是银行行长和银行员工的薪酬比。董事和管理层与职工的薪酬比波动要小一些，结合图1，董事薪酬、管理层薪酬和员工薪酬的波动相对于行长薪酬是很小的。

为了更好地分析我国上市银行薪酬制度的合理性，我们搜集了7家具有代表性的国内垄断上市企业作为参考数据。并从制造业公司中随机挑选出14家上市公司，选取这些公司2006~2009年的平均数据来做比较。

我们对比分析了上市银行和制造业公司高级管理人员和员工的薪酬差异，这里我们以员工的薪酬为基准，比较每年高管薪酬与员工薪酬的倍数；以及上市银行、制造业企业及垄断上市公司的公司规模、负债比率和净资产收益率的比较，如表5所示。

表5　上市银行与制造业企业的行业特征以及薪酬差距比较

	银行和制造业公司特征中位数					
	公司总资产的对数	负债比率	净资产收益率	行长（总经理）与员工的薪酬差距	董事与员工的薪酬差距	管理层与员工的薪酬差距
上市银行	26.53	0.9449	0.162	43.895	22.854	27.111
制造业公司	23.84	0.4123	0.147	97.342	78.743	86.682
垄断上市公司	10.99	0.5745	0.097	65.638	65.273	70.894
	Wilcoxon/Mann–Whitney 统计量					
上市银行–制造业公司	4.0147***	7.9304***	0.2584	8.0861***	10.7362***	11.2716***

从表 5 可以看出，制造业的薪酬差异比上市银行的薪酬差异更大，而 ROE 的差异并不显著，公司总资产的对数、负债比率及上市银行和制造业公司的薪酬差距的中位数相比较的 Wilcoxon/Mann-Whitney 统计量在 1% 的水平下都显著，说明这两者之间是存在明显差异的。并且制造业公司和国有垄断上市公司 ROE 都低于上市银行，但是薪酬差距反而比上市银行更大。这些情况说明，上市银行和制造业公司存在显著的行业特征差异，银行具有独特的行业特征，如资本结构上的高负债比、资产交易的非透明性和极为严格的行业管制和监管等。而且通过对比数据发现银行业的员工收入普遍高于制造业员工收入，但是银行高管的薪酬与制造业高管薪酬均值相差并不是特别明显，这也是上市银行和制造业公司薪酬差距显著差异的重要原因。从上面的实证分析并不能说明上市银行的内部薪酬差距不合理，但相对于国内制造业公司和垄断企业的薪酬体制还更具有合理性。

关于这种薪酬差异对公司绩效的影响许多学者进行过讨论，如林浚青等（2003）通过对我上市公司内高层管理人员薪酬差异和公司未来绩效的检验，发现二者之间具有显著的正向关系，大薪酬差异可以提升公司绩效；张正堂（2008）发现，高管团队薪酬差异对组织未来绩效 ROA 有负向的影响，但是技术复杂性、企业人数和高管团队薪酬差异的交互作用对未来绩效 ROA 有正向的影响；高管/员工薪酬差异对组织未来绩效 ROA 没有显著的影响，但是，技术复杂性、企业人数和高管/员工薪酬差异的交互作用对未来绩效 ROA 有正向的影响，而当企业最终控制人类型为国有股份时，高管/员工薪酬差异和组织未来绩效之间表现出负向的关系。

接下来，我们选取银行行长薪酬和董事、管理层及员工薪酬的差异（现金年薪的比值，分别用 C-D DIF、C-M DIF、C-Y DIF 表示）为自变量，公司规模为控制变量，银行当期和下一期净资产收益率（ROE_t 和 ROE_{t+1}）为因变量，建立回归模型，来检验薪酬差异对银行绩效的影响。表 6、表 7 分别代表薪酬差异和公司规模的相关系数表和回归结果。

表6　行长、董事、管理层、员工薪酬差异和银行规模的相关系数

		C–Y DIF	C–M DIF	C–D DIF
C–M DIF	Pearson 相关性	0.097		0.177
	显著性	0.507		0.224
	银行数量	49		49
C–D DIF	Pearson 相关性	0.061	0.177	
	显著性	0.677	0.224	
	银行数量	49	49	
SIZE	Pearson 相关性	0.004	−0.008	−0.061
	显著性	0.981	0.957	0.675
	银行数量	49	49	49

从表 6 可以观察到，银行行长薪酬和董事、管理层及员工薪酬的差异和银行规模之间并没有显著的相关关系，因而回归方程中不存在多重共线性的问题。

表7　薪酬差异和银行绩效的线性回归

	ROE_t	ROE_{t+1}
C–Y DIF	−0.126	−0.103
C–M DIF	0.466	0.283*
C–D DIF	−0.746*	−0.147
SIZE	0.661**	−0.018
R^2	0.491	0.716
F	4.216*	10.743**

注：*$P<0.05$（双尾检验），**$P<0.01$（双尾检验）。

从表 7 中的结果可以看出，行长和董事的薪酬差异对银行当年的绩效有显著的负相关关系；而银行行长和管理层的薪酬差异对银行第二年的绩效有显著的正相关关系；银行员工与银行行长的薪酬差异对银行绩效没有显著的相关关系，但可看出回归系数都是负值。

线性回归结果支持锦标赛理论，即内部管理层薪酬差异对未来上市银行绩效有正的激励作用，但是回归结果并不能直接证明银行高级管理层和员工的薪酬差异对银行的绩效产生了负的影响。为了进一步验证出银行高级管理层和员工薪酬这种差异是否对银行绩效产生了影

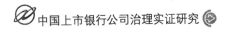

响，我们把员工薪酬扩大十倍再进行相关的回归检验，结果发现，银行行长和员工薪酬差异对银行未来有显著的正相关关系，银行行长和管理层薪酬差异对银行绩效有显著的负相关关系，对银行未来的绩效无显著的影响。因篇幅限制，本文未列出回归结果。

五、结论

本文研究了我国上市银行薪酬激励对银行绩效的影响，发现我国上市银行高管（包括行长、董事及管理层）的薪酬激励对银行绩效没有显著的相关关系，而银行员工的薪酬激励对银行绩效有显著的正向影响；但银行员工薪酬过低，员工和银行高管薪酬差异过大，提高员工薪酬，缩小员工与银行高管的薪酬差异对银行绩效有显著的正相关关系；而银行高管内部薪酬差异却存在锦标赛竞争机制，即银行高管间适当的薪酬差异可以提升银行绩效。因此改变目前我国上市银行报酬——绩效契约是今后的金融业改革中必须解决的重要课题。

本文存在不足的地方，由于我国上市银行时间较短，并且有些银行公布的信息业不是很完整，使得研究样本相对较少。另外，我们只是把我国上市银行作为一个整体讨论的，没有比较上市银行个体之间的优劣性。这些局限性也是我们今后的研究需考虑的因素。

参考文献：

[1] Barro J, R Barro. Pay Performance and Turnover of Bank CEOs [J]. Journal of Labor Economics，1990 (4).

[2] Jensen, M.C. and Meckling, W.H. Theory of the Firm: Managerial Behavior, Agency Costs, and Ownership Structure. Journal of Financial Economics，1976，No.3，pp.305–360.

[3] John, K. and Qian, Y. Incentive Feature in CEO Compensation in the Banking Industry.

FRBNY Economic Policy Review, 2003, No.9, pp.109-121.

［4］Shleifer, A. and Vishny, R. W., "A Survey of Corporate Governance." Journal of Finance, 1997, Vol.52.

［5］Palia, D., and Lichtenberg, F., Managerial Ownership and Firm Performance: A Re-examination Using Productivity Measurement ［J］. Journal of Corporate Finance, 1999, 5（3）: 91-121.

［6］Kose John and Yiming Qian, Incentive features in CEO com pensation in the banking industry, FRBNY Eco-nomic Policy Review, 2003（8）: 109-121.

［7］Houston J, C. James.CEO Compensation and Bank Risk: Is Compensation in Banking Structured to Promote Risk Taking? ［J］. Journal of Monetary Economics, 1995（36）: 405-431.

［8］步丹璐，蔡春，叶建明. 高管薪酬公平性问题研究——基于综合理论分析的量化方法思考［J］. 会计研究，2010（5）.

［9］陈学彬. 中国商业银行薪酬激励机制分析［J］. 金融研究，2005（7）.

［10］李维安，曹廷求. 商业银行公司治理：理论模式与我国选择 ［J］. 南开大学学报，2003（1）.

［11］林浚清，黄祖辉，孙永祥.高管团队内薪酬差异、公司绩效和治理结构 ［J］.经济研究，2003（4）.

［12］李克文，郑录军. 高管人员激励机制与商业银行经营绩效 ［J］. 南开学报（哲学社会科学版），2005（1）.

［13］宋增基，陈全，张宗益. 中国上市公司CEO报酬与银行绩效的关系 ［J］. 金融论坛，2008（4）.

［14］潘敏. 商业银行公司治理：一个基于银行业特征的理论分析 ［J］. 金融研究，2006（3）.

［15］魏刚.高级管理层激励与上市公司经营绩效［J］.经济研究，2000（3）.

［16］张俊瑞，赵进文，张建. 高级管理层激励与上市公司经营绩效相关性的实证分析［J］. 会计研究，2003（9）.

董事会与公司治理

❻ 中国上市银行 CEO 报酬与绩效关系研究*

由于银行业在资本结构、监管等方面与一般企业存在显著区别，因此，基于一般企业的公司治理结论是否适用于银行业值得商榷。本文采用 2002~2006 年上市银行样本，在充分考虑银行业特殊性的基础上，对银行 CEO 报酬与银行绩效间关系进行了实证分析。研究表明，由于银行业治理结构的特殊性，使其在 CEO 报酬对公司绩效影响方面，与一般企业存在显著区别。研究发现，银行 CEO 报酬对银行业绩有显著促进作用，而对股东权益却是有相反影响的。实证结果还表明，银行业绩和规模对银行 CEO 报酬有显著影响。

一、引言

随着两家地方性商业银行的上市，目前，沪、深两市一共已有 12 家上市银行，而其中 2007 年上市的银行就有 5 家之多，这充分显示了

＊原文发表在《金融论坛》2008 年第 4 期，署名作者：宋增基，陈全，张宗益

金融业改革正在不断迈向深水区。上市只是万里长征第一步，如何在日新月异、充满竞争的市场中站稳脚跟，取得进一步的发展，是各家银行都要面对的问题。而随着改革的不断深入，越来越多的人意识到，建设现代银行制度是银行业竞争的根本。现代银行制度的核心就是现代银行公司治理机制，因此治理结构的优化将是今后提高我国商业银行竞争力的必由之路。

公司治理作为一个热点，近几年受到了越来越广泛的关注。尤其值得注意的是，2007 年 3 月 9 日，证监会向各上市公司下发了《关于开展加强上市公司治理专项活动有关问题的通知》。此次专项活动不仅是加强资本市场基础性制度建设的重点工作，更进一步阐明了公司治理问题的重要性。

关于公司治理问题，学者们已经有了不少研究成果，但是大部分的研究并没有将行业因素考虑在内。特别是银行业有与一般企业显著不同的特征，比如高负债、股权分散、严格监管等。这些特征对治理结构是有相当影响的，忽略这些因素的差别，使得一般公司的治理结论对银行业是否适用，值得商榷。

基于此，本研究采用 2002~2006 年上市银行样本，在充分考虑银行特殊性的基础上，对银行 CEO 报酬与银行绩效间关系进行了实证分析，并得出一系列结论。研究试图认清，在银行业，CEO 激励制度的效果和影响因素，更注重与一般企业的区别。本研究是对国内银行业治理研究的一次新的探索，以期对国内银行治理问题有所促进，对实务界有所启迪。

二、文献综述

现代企业最明显的特征就是经营权和所有权的分离，但是由于经营者和所有者利益函数的不一致，会导致代理问题的出现，从而产生代理成本。那么，如何降低代理成本、矫正经营者行为、提高企业绩效是摆在企业面前的重要的问题。而合适的经营者报酬是解决问题的一种途径（Jensen 和 Meckling，1976）。

西方学者在关于经营者报酬和企业绩效、股东权益方面做了大量的研究工作。一部分学者认为，经营者报酬与业绩密切相关，经营者报酬的提高会促进业绩的提升。Murphy（1985）、Joscow、Paul、Nancy Rose 和 ShepardAndrea（1993）的研究认为，经营者报酬与企业绩效间呈正相关关系。Franci 和 Smith（1995）、Palia 和 Lichtenberg（1999）认为，管理层持有股权克服了管理上的短视行为，从长期看，管理层高比例持股可以促进变革提高公司的生产力，从而提高公司价值。Hanson 和 Song（2000）的研究也表明，管理层持股有助于减少自由现金流量的代理成本，增加公司价值。

但是，也有部分学者持有异议。Demsetz（1983）认为，管理层持股是内生变量，依赖于公司外部环境和内部特征。例如行业、投资机会、成长性、经营风险和信息的不对称等，是一种反映市场影响的长期演化结果，对公司绩效不存在影响。Jensen 和 Murphy（1990）运用回归方法实证分析了经营者现金报、购股权、内部持股方案和解雇威胁所产生的激励作用。他们得出的结论：大型公众持股公司的业绩与它们的经营者报酬之间存在弱相关关系。Himmelberg（1999）也有类似的结论。而 Morck、Shleifer 和 Vishny（1988）的研究表明，管理者持股与企业绩效间呈现区间效应。他们以拥有的股份不少于 0.2% 的董事们的持股比例之和衡量管理层持股比例，采用 Tobin Q 值测度公司绩效，对研究样本的横截面数据进行分段回归来研究管理层股权与公司绩效间的关系，发现管理层股权与公司绩效之间存在显著的非单调关系：当管理层股权介于 0%~5% 时，公司绩效随管理层股权的增加而提高；当管理层股权介于 5%~25% 时，公司绩效随管理层股权的增加而下降；当管理层股权超过 25% 时，公司绩效随管理层股权的增加而提高。

国内学者对此问题也做了一些研究工作。在关于管理者报酬方面，魏刚（2000）以 1999 年的 816 家上市公司为样本，实证分析了我国高级管理人员的激励问题。他认为，国内上市公司高级管理人员收入偏低，报酬结构不合理，并且存在明显的行业差异。李增泉（2000）的研究也有类似观点。而关于管理者报酬与企业绩效的研究上，张俊瑞等（2003）认为，管理者报酬与公司绩效间存在较为显著的正相关关系。而胡铭（2003）则认为，由于国内公司管理人员持股制度僵硬，持股比例偏低，以及旧观念的影响，现有的报酬制度不能起到激励作用。他研究后认为，目前，国内上市公司经营绩效与管理者报酬之间不存在显著的正相关关系。

从上述文献可以看到，一方面，关于经营者报酬对企业业绩的影响方面，研究还存在一定的争议；另一方面，上述研究都将视角涵盖所有行业，而大部分的实证分析样本将金融行业剔除在外，这使得结论是否适用金融行业值得商榷。事实上，金融行业，特别是银行业在解决治理问题上，有许多区别于一般企业的特征（Caprio、Laeven 和 Levine，2003）。这已经引起了国外部分学者的重视。Prowse（1995）、John 和 Qian（2003），John、Mehran 和 Qian（2003）等就从银行业自身特点出发研究了银行董事会人员构成、高管激励等治理问题。而国内学者潘敏（2006）也从理论上分析了银行业资产结构的特殊性、资产交易的非透明性和严格管制三个典型特征对商业银行公司治理的影响。最近，宋增基（2007）的实证研究也表明，银行的特殊性导致其治理问题不同于一般企业。

银行业的特殊性主要表现在其很高的资产负债比、严格的监管体系等。高负债比是银行作为信用中介的显著特征。银行一般的负债比率高达 90% 以上，即使对银行自有资本要求日益严格的现在，作为全球银行业监管标准的巴塞尔协议对银行自有资本的要求也仅仅是 8% 以上（潘敏，2006）。银行的这种负债结构，对其的公司治理显著不同于其他企业。这是因为，一般企业公司治理的核心，就是解决委托代理问题，其目标是保障股东权益不受损失。但是银行业由于高负债，使得债权人的地位十分突出。银行业的高管激励制度要使得高管能够代表债权人的利益，这就与一般企业激励制度有所区别（John，1993）。John、Mehran 和 Qian（2003）通过对美国 120 家商业银行 CEO 报酬的实证研究也表明，由于银行业的高负债的特殊性，使得其经营者报酬激励有别于一般制造企业。

银行业的高负债比，再加上其显著的负外部性，导致银行业本身的内在脆弱性。正基于此，各国对银行业都采取严格监管。比如有严格的市场准入条件，较强的管制约束制度，以及众多的监管机构。就国内银行业来说，直接面对的监管机构就有中央银行、银监会。另外，如果是国有银行，还要受到财政部门、国资委的监管。这样的监管，对于银行业的治理，又会产生新的问题，比如这种监管是否更有效率，是否能替代现有的比如董事会治理等机制等。特别是，这种监管，是否会替代管理者的报酬激励制度。这些问题，都是在考虑到银行业的特殊性基础上自然生成的。现有的文献对此还没有过深入的探讨。

我们的研究，正是在充分考虑银行业自身特殊性的基础上，将国内已经上市银行作为样本，运用实证方法，对银行业 CEO 激励问题进行深入分析。试图认清，在银行业，CEO 激励制度的效果和影响因素，尤其注重与一般企业的区别。研究是对国内银行业治理研究的一次新的探索，以期对国内银行治理问题有所促进，对实务界也能有所启迪。

三、实证分析

(一) 样本选择

研究选择 2007 年 3 月前在沪深 A 股市场上市的银行，包括兴业银行在内，一共 8 家银行作为研究样本，时间选取 2002~2006 年。考虑到银行业数据收集的限制，样本比较少，因此将各家银行的历年数据制成混合数据。另外，为了更好地发现银行业特殊性对 CEO 报酬激励的影响，我们还选取同期除金融行业以外的上市公司作为对比样本，在剔除异常样本后，选取 843 家上市公司作为对照样本。数据来源主要是色诺芬数据库，并以各家银行及上市公司历年的年报作为补充。

(二) 变量选择

本研究采用的变量分为三大类：第一类是描述银行或企业绩效的变量；第二类是描述银行或企业 CEO 报酬的变量；第三类是控制变量。

研究采用资产收益率（ROA）和股东权益（Shareholder_value）来描述。选择 ROA，而不是国内学者大多采用的净资产收益率（ROE），主要是因为一些学者的研究表明，中国上市公司为迎合监管部门的规定，对 ROE 存在着大量的利润操纵行为。在 CEO 报酬变量方面，分薪水（CEO_Salary）与股权（CEO_Stock）两类。控制变量中，除了常用的如规模外，还加入银行网点数量，资本充足率（Capital Adequacy Ratio，CAR）等衡量银行的特殊变量。在模型中，加入了描述治理结构的变量。另外，我们设立了一个虚拟变量 D，用来区分银行与一般企业。详细的变量说明，如表 1 所示。

表 1　变量的含义和说明

变量名	含义	说明
绩效变量		
ROA	资产收益率	净利润/总资产
Shareholder_value	股东权益	实证模型中取自然对数
经营者报酬变量		
CEO_Salary	CEO 薪水	
CEO_Stock	CEO 持股比例	CEO 持股数/公司总股数
控制变量		
Size	公司规模	上市公司的总资产，模型中取其自然对数形式
Net	银行网点数	银行网点数量
CAR	资本充足率	
Fhs	第一大股东持股比例	第一大股东持股的百分比
Z	股权结构的制衡能力	第一大股东与第二大股东持股比例的比值
D	虚拟变量	样本为银行，D=1；样本为一般企业，D=0

（三）研究模型的建立

根据现有的文献以及研究的目的，设立以下模型进行实证分析：

$$ROA = f(CEO\_Salary, CEO\_Stock, Size, Net, CAR, Fhs, Z) \tag{1}$$

$$Shareholder\_value = f(CEO\_Salary, CEO\_Stock, Size, Net, CAR, Fhs, Z) \tag{2}$$

$$ROA = f(CEO\_Salary, CEO\_Stock, Size, Fhs, Z, D) \tag{3}$$

$$Shareholder\_value = f(CEO\_Salary, CEO\_Stock, Size, Fhs, Z, D) \tag{4}$$

$$ROA_{t+1} = f(CEO\_Salary_t, CEO\_Stock_t, Size_t, Net_t, CAR_t, Fhs_t, Z_t) \tag{5}$$

$$Shareholder\_value_{t+1} = f(CEO\_Salary_t, CEO\_Stock_t, Size_t, Net_t, CAR_t, Fhs_t, Z_t) \tag{6}$$

$$CEO\_Salary = f(ROA, Shareholder\_value, Size, Net, CAR, Fhs, Z) \tag{7}$$

$$CEO\_Salary_{t+1} = f(ROA_t, \ Shareholder\_value_t, \ Size_t, \ Net_t, \ CAR_t,$$
$$Fhs_t, \ Z_t) \tag{8}$$

其中，t 代表年份。

模型（1）~模型（6）是用来检验 CEO 报酬对公司绩效的影响。其中模型（1）、模型（2）是分别用银行样本和一般上市企业样本，检验 CEO 报酬对公司业绩的即期影响。而为了检验上市银行与一般上市企业间是否存在显著区别，在模型（3）和模型（4）中，我们将样本混合，加入虚拟变量 D，如果是上市银行，则 D 等于 1，否则为 0。另外，因为经营者报酬的激励制度可能存在滞后影响，因此我们采用模型（5）、模型（6）来检验这种关系。模型（7）和模型（8）是用于分析银行 CEO 报酬的影响因素。其中模型（8）考虑了滞后效应。

（四）变量统计性描述

由于国内所有上市银行行长都没有持有本银行股份，因此变量 CEO_Stock 对于各家银行都是 0。表 2 所列示的是银行变量的样本平均统计数据。

表 2　银行变量的统计性描述

	样本数	CEO（万元）	ROA	Shareholder_value（亿元）	Size	CAR	Net
2002	4	57.63	0.0039	84	26.25	0.0297	240
2003	5	67.20	0.0036	110	26.46	0.0306	275
2004	5	103.00	0.0038	120	26.62	0.0296	291
2005	5	149.03	0.0039	140	26.84	0.0280	321
2006	7*	299.84	0.0050	120	27.66	0.0418	4263**

注：* 浦发银行行长于 2006 年 8 月新上任，因此只记录 7 家银行行长的年薪。
　　** 因为 2006 年有工行、中行加入样本，网点平均数量显著提升。

表 2 显示，上市银行行长的平均年薪和银行绩效逐年在提高。但是其中也有几个有趣的地方：2003 年，当年的 ROA 低于 2002 年，但是行长的年薪却在增长；而在 2006 年平均股东权益比 2005 年下降了 20 亿元，而行长年薪却比 2005 年增加了一倍。图 1 和图 2 分别显示了行长年薪每年的增长率和银行绩效与规模的增长率。

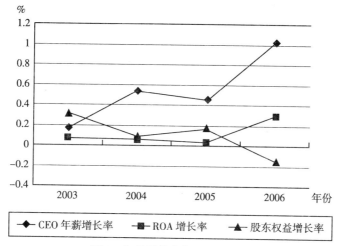

图1 年薪增长率与业绩增长率

从图1可以看到，行长的年薪的增长率全为正，并且也是逐年提高的，而关于银行绩效的两个变量的增长率却表现比较平稳，甚至各有一年出现了负增长。

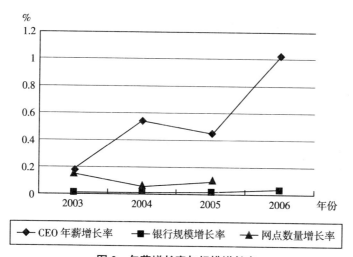

图2 年薪增长率与规模增长率

在图2中，因为2006年的银行网点数量由于中行与工行的加入而激增，与前几年缺乏比较意义，因此图中只显示了2003~2005年的3个值。从图2看到，银行规模与网点数量的增长相对于行长的年薪增长也比较缓慢。

从以上的简单比较来看，我们似乎没有发现行长年薪增长与银行绩效增长和银行规模增长之间有较强的相关关系。但是，我们不能因此就简单的下结论，合肥市需要进一步的分析。另外，我们将普通上市公司 CEO 数据和银行业的数据做了对比，并加入了上市银行员工平均薪水和全国平均工资数据进行参照。图 3 显示的是 2005 年的数据对比。

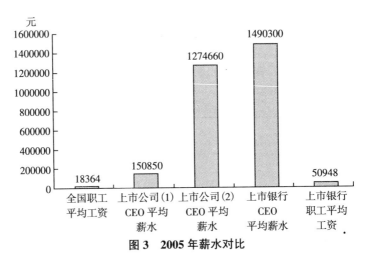

图 3　2005 年薪水对比

图 3 中，上市公司（1）表示除了银行业外的所有上市公司，上市公司（2）表示资产规模与银行相当（资产规模在 200 亿元以上）的上市企业，全国职工工资水平数据来自中国经济信息网。值得说明的是，上述所列示的上市公司 CEO 都是没有持有所在公司股份的。

从图 3 可以看到，银行业的整体水平，无论是职工还是 CEO 都比其他企业工资要高。但是，也应该注意到，在资产规模与银行相当的企业 CEO 薪水和银行行长的薪水相当。

（五）变量的相关性分析

表 3 是银行变量的相关性检验。表格上半部分是 Spearman 检验，下半部分是 Pearson 检验。

表3 银行变量的相关性分析

	ROA	Shareholder_value	CEO_Salary	Size	CAR	Net
ROA	1	0.649**	0.437**	0.663**	0.388*	0.499**
Shareholder_value	0.036	1	0.428*	0.977**	0.784**	0.842**
CEO_Salary	0.334	0.002	1	0.520**	0.032	0.198
Size	0.102	0.995**	−0.001	1	0.676**	0.804**
CAR	0.223	0.817**	0.067	0.792**	1	0.709**
Net	0.002	0.997**	−0.018	0.993**	0.779**	1

注：* 显著性在 0.05 水平；** 显著性在 0.01 水平。

表3的相关性分析显示，银行变量之间存在较为紧密的联系。尤其是股东权益与银行规模以及银行网点数量之间有非常显著的相关性。行长的薪水与银行规模、网点数量也有较为显著的关系，与股东权益之间存在正的相关性。值得注意的是，在对 ROA 的相关性分析上，Spearman 检验和 Pearson 检验存在较大的分歧，Pearson 检验认为 ROA 与其他各个变量之间相关性不强，而 Spearman 检验结果却相反。以上的简单分析，是在没有控制有关变量的情况下得到的，并不能因此作出确切的结论，我们将在以下部分对此做进一步的分析。

（六）回归分析

1. CEO 报酬对银行绩效的影响

表4 模型（1）、模型（2）的回归结果

	上市银行		上市企业	
	模型（1）	模型（2）	模型（1）	模型（2）
	ROA	Shareholder_value	ROA	Shareholder_value
CEO_Salary	0.0001	−0.0002	0.0001	0.0001
	(0.002)	(0.483)	(0.131)	(0.012)
CEO_Stock			1.731	9.3
			(0.544)	(0.304)
Size	0.0016	1.0227	0.0379	0.9045
	(0.007)	(0.000)	(0.000)	(0.000)
CAR	0.0252	26.309		
	(0.407)	(0.000)		

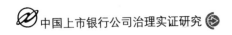

	上市银行		上市企业	
	模型（1）	模型（2）	模型（1）	模型（2）
	ROA	Shareholder_value	ROA	Shareholder_value
Net	−0.0001	−0.0004		
	(0.025)	(0.024)		
Fhs	−0.0035	−0.0638	0.0296	0.2306
	(0.373)	(0.728)	(0.456)	(0.073)
Z	−0.0005	−0.0122	0.0001	0.0003
	(0.037)	(0.224)	(0.949)	(0.329)
R^2	0.68	0.99	0.12	0.51
P 值	0.00	0.00	0.00	0.00

　　表 4 所示的是模型（1）、模型（2）对银行样本以及一般上市公司的回归分析结果，括号内的是 P 值。从表 4 中可以看到，行长的薪水对银行的 ROA 有较为显著的正影响。但是对股东权益的影响却是负的。对比一般企业，CEO 报酬对 ROA 和股东权益的影响是同方向的，并且一般企业的 CEO 报酬对股东权益的影响是显著为正的，这种情况与银行业形成鲜明对比。这里的原因在于，银行业一个显著不同于一般企业的特征，那就是高负债。全球银行业监管标准的巴塞尔协议对银行自有资本的要求也仅仅是 8% 以上，这说明，银行的负债率一般可以达到 90% 以上。而普通企业的负债是不可能达到这么高的高度。因此，由于银行业的高负债，使得其公司治理的目标不仅仅是考虑股东的权益，债权人的重要性超过了一般企业。回归的结果也说明了这一点。

　　从表 4 中，还可以看到一般企业的 CEO 薪水对企业 ROA 的影响没有银行业的显著。而企业规模，无论是银行还是一般企业对公司业绩有显著的正向影响。值得注意的是，银行业的股权制衡对银行的业绩有重要影响。回归结果显示，银行股权制衡能力越好（Z 越小），银行业绩越好（ROA 越大）。而在一般企业，并没有这种显著影响结果的出现。

　　由于国内上市银行的行长都没有持有本银行的股权，因此在股权这一栏是空白。从一般企业情况看，尽管股权激励对业绩没有表现出显著的促进作用，但是至少存在正面的影响。进一步考虑到国内大多数企业 CEO 的股权激励制度都没有成型，这样的结果也在情理之中。

另外，采用上市企业为样本的模型（1）、模型（2）的 R^2 值都不高，原因可能在于，对于一般企业的经营业绩的影响因素，并没有包含在模型中。研究采用上市企业作为样本，只是为了与上市银行的情况作对比，以发现银行业由于其特殊性而与一般企业存在的不同，因而并不是以上市企业分析为主。

表5 模型（3）、模型（4）的回归结果

	上市银行+上市企业	
	模型（3）	模型（4）
	ROA	Shareholder_value
CEO_Salary	0.0001	0.0001
	(0.009)	(0.000)
D*CEO_Salary	−0.00004	−0.00003
	(0.001)	(0.000)
Size	0.021	0.7424
	(0.000)	(0.000)
Fhs	0.0472	0.462
	(0.231)	(0.001)
Z	0.0002	0.0003
	(0.871)	(0.284)
R^2	0.24	0.65
P 值	0.00	0.00

表 5 是模型（3）、模型（4）的回归结果，括号内的是 P 值。模型（3）和模型（4）采用的是混合样本，通过虚拟变量 D 来区分银行业和一般企业。回归结果显示，在经营者报酬对企业绩效影响方面，银行业与一般企业存在显著区别。在模型（4）中，D* CEO_Salary 的系数为负且显著，和表 4 的结果相印证。产生这样的回归结果的原因在于，银行业有不同于一般企业的显著特征。由于监管银行的机构众多，

有理由认为在内部治理一定的条件下，银行的外部治理环境优于一般企业。银行行长等高级管理人员，不仅受到内部董事、监事的监督，而且还有众多外部监管机构监督，如银监会等。这样的结果使得银行行长等高级管理人员有更大的可能性去努力工作，提高银行业绩，以支撑其高报酬的合理性。同时，由于银行的高负债，使得银行高级管理人员，不仅要对股东负责，对银行的债权人的重视也要超过一般企业，甚至银行债权人的利益在银行经营中，占主导地位，模型（4）中 D* CEO_Salary 的系数为负且显著，就支撑了这个观点。

表6 模型（5）、模型（6）的回归结果

	上市银行	
	模型（5）	模型（6）
	ROA_{t+1}	$Shareholder\_value_{t+1}$
CEO_Salary_t	0.0001	0.0001
	(0.088)	(0.104)
$Size_t$	0.0012	0.707
	(0.432)	(0.107)
CAR_t	0.0546	17.3135
	(0.291)	(0.212)
Net_t	0.0001	0.0019
	(0.627)	(0.198)
Fhs_t	0.0031	1.2961
	(0.426)	(0.203)
Z_t	−0.0002	−0.0306
	(0.382)	(0.572)
R^2	0.82	0.93
P 值	0.00	0.00

模型（5）、模型（6）的回归结果显示在表6中，模型（5）、模型（6）用的是银行业样本，括号内的是 P 值。表6显示 CEO 报酬对下一年的银行 ROA 有显著的促进作用，显著水平在 0.1 以内。这样的回归结果表明 CEO 报酬存在一定的滞后影响。结果还显示，资本充足率（CAR）对银行绩效虽有正面影响，但效果不明显。另外，从 R^2 看，模型（5）、模型（6）拟合得也比较好。

从模型（1）～模型（6）的回归结果可以发现，银行 CEO 报酬对银行的业绩是有显著的促进作用的，而 CEO 报酬对银行股东权益却有相反的作用，与之构成鲜明对比的是，一般企业 CEO 报酬对股东权益存在显著为正的影响。实证研究表明，由于上市银行与一般企业在监管、资产负债率等方面存在明显差别，使得在 CEO 报酬对公司绩效的影响方面两者也存在显著差异。

2. 银行 CEO 报酬的影响因素

表 7 是模型（7）、模型（8）的实证结果，括号内是 P 值。

表7　模型（7）、模型（8）的回归结果

	模型（7）		模型（8）
	CEO_Salary		CEO_Salary$_{t+1}$
ROA	271.2	ROA$_t$	159.5
	(0.005)		(0.614)
Shareholder_value	0.0001	Shareholder_value$_t$	0.0001
	(0.005)		(0.341)
Size	0.0059	Size$_t$	0.5227
	(0.354)		(0.629)
CAR	−41.21	CAR$_t$	−84.25
	(0.008)		(0.009)
Net	0.0025	Net$_t$	0.0054
	(0.004)		(0.061)
Fhs	−1.782	Fhs$_t$	6.756
	(0.354)		(0.181)
Z	0.3708	Z$_t$	0.249
	(0.000)		(0.137)
R^2	68.02	R^2	65.02
P 值	0.00	P 值	0.00

从模型（7）的结果看，ROA 和股东权益对银行 CEO 报酬的影响比较显著，另外资本充足率和股权制衡能力对 CEO 报酬也有很强的影响。模型（8）考虑了滞后效应，但是从结果看，这种滞后效应还不明显，可能的原因是，银行 CEO 年薪是根据当年业绩来制订的，这样滞后效应就不明显了。另外，两个模型的实证结果都表明，网点数量的

增加对 CEO 报酬有明显的促进作用，而银行规模的增加也有正面影响，尽管不明显。这说明，银行在 CEO 报酬的影响因素方面，类似于一般企业，而企业规模越大，CEO 报酬越高，这在一定程度上鼓励 CEO 通过并购追求规模扩张，从而提高自身报酬。

四、结论

研究以 2002~2006 年上市银行与一般企业为样本，对 CEO 报酬与公司绩效间关系进行了实证分析。研究表明，银行业由于在监管、资本结构等方面迥异于一般企业，因此在一般企业的公司治理结论不能简单运用于银行业。实证结果显示，银行业与一般企业在 CEO 报酬对业绩的影响方面存在显著区别。研究发现，银行 CEO 报酬对银行业绩有明显的促进作用，而对股东权益作用则相反，并且这种效应有一定持续期。实证结果还表明，银行业绩对 CEO 报酬也存在着显著的促进作用，且主要体现在当期。银行规模、网点数量以及资本充足率都对银行 CEO 报酬有重要影响。另外，值得注意的是，与一般企业在经营者激励方面不同的是，银行业的 CEO 缺乏股权激励。研究的局限性在于，国内上市银行还比较少，时间短，可用数据不多，这对研究有一定的影响。

参考文献：

[1] Caprio, G., Laeven, L., Levine, R.. Governance and Bank Valuation [N]. NBER Working Paper 101581.

[2] Demsetz, Harold. The Structure of Ownership and the Theory of the Firm [J]. Journal of Law & Economics, 2003 (26). 375-390.

[3] Himmelberg, Hubbard, Palia. Understanding the determinants of managerial ownership and

the link between ownership and performance [J]. Journal of Financial Economics, 1999 (53): 353-384.

[4] Jensen, Michael C., and William H. Meckling. Theory of the Firm: Managerial Behavior, Agency Costs, and Ownership Structure [J]. Journal of Financial Economics, 1976, 3 (4): 305-60.

[5] Jensen, M. C., Murphy, K. J ., Performance Pay and Top-management Incentives [J]. Journal of Political Economy, 1990 (8), 225 - 264.

[6] John, T. A., and K. John. Top-Management Compensation and Capital Structure [J]. Journal of Finance, 1993, 48 (3): 949-74.

[7] John, K.Qian, Y., Incentive Feature in CEO Compensation in the Banking Industry [J]. Economic Policy Review, 2003 (9): 109-121.

[8] John, K., Mehran, H., Qian, Y., Regulation Subordinated Debt and Incentive of CEO Compensation in the Banking Industry [J]. Unpublished paper, FRBNY, 2003.

[9] Morck, Shleifer, Vishny, Management Ownership and Market Valuation [J]. Journal of Financial Economics, 1988 (120): 292-315.

[10] 胡铭. 上市公司高层经理与经营绩效的实证分析 [J]. 财贸经济, 2003 (4).

[11] 李增泉. 激励机制与企业绩效: 一项基于上市公司的实证研究 [J]. 会计研究, 2000 (1).

[12] 潘敏. 商业银行公司治理: 一个基于银行业特征的理论分析 [J]. 金融研究, 2006 (3).

[13] 宋增基, 陈全, 张宗益. 上市银行董事会治理与银行绩效 [J]. 金融论坛, 2007 (5).

[14] 魏刚. 高级管理层激励与上市公司经营绩效 [J]. 经济研究, 2000 (3).

[15] 张俊瑞, 赵进文, 张建. 高级管理层激励与上市公司经营绩效相关性的实证分析 [J]. 会计研究 (9).

❼ 中国上市银行独立董事制度的运行效率*

以往的公司治理研究并没有考虑银行业的特殊性，因此银行的治理问题不能简单的套用以往的治理结论。本文在充分考虑了银行业治理的特殊性基础上，通过建立一系列模型以实证考察独立董事在银行中的运行效率。研究证实，由于银行股权制衡能力比较强，独立董事的监督职能弱化，但是银行独立董事由于其专业背景以及广泛的社会关系，能够提高董事会决策效率，促进银行业绩的提升。研究还发现，独立董事的作用是有滞后的。当期的独立董事能够明显促进银行下一期的绩效。因此，研究认为，独立董事在国内上市银行中的运行具有效率，能够促进银行的进一步发展。

一、文献综述

董事会作为公司治理的内部核心机制之一，其效率是否能有效发挥一直是各国学者和公司治理机构和组织关注的热点问题。独立性是

* 原文发表在《金融论坛》2007 年第 11 期，署名作者：宋增基，袁茂，徐叶琴

评价董事会的重要指标，理论研究方面关于独立董事的定义已经达成共识，不论何种表述，实际上都包含两层意思：其一，独立董事不能是公司的在职雇员；其二，独立董事与公司没有直接和密切的商业利益关系。

由于独立董事不像内部董事那样直接受制于控股股东和公司经理层，从而可能有利于董事会对公司事务的独立判断。此外，独立董事还可能以其专业知识来促进董事会的决策科学化。因此，在主要市场经济国家的公司中，独立董事在董事会中的人数比例和职责都得到了高度的重视。独立董事参与公司治理，是现代企业制度的一次重要创新和尝试，因为它在解决利益公司冲突时，给所有参与契约的利益相关者们一个可以接受的解释（郭强、蒋东生，2003）。

目前，国内对独立董事的研究基本上集中于理论分析，着眼点主要在于从不同的角度探讨独立董事与内部管理人员的关系，或如何完善公司治理结构。其观点大致可分为以下几类：①如何选聘独立董事。排除已有董事会席位的大股东的提名权和决议权，由中小股东来推选独立董事，并成立独立董事提名委员会（陈宏辉、贾生华，2002）。②独立董事的激励约束机制。对独立董事的激励建议以声誉激励为主，辅之以报酬激励（陈宏辉、贾生华，2002）；从企业契约论的角度，分析独立董事有效性的约束条件，对于独立董事的激励的报酬模式与法人利益要有高度关联性（郭强、蒋东生，2003）。建立间接薪酬制度是由独立董事职责特殊性所决定的，也是保障独立性、完善公司治理的不可或缺条件（郭璟、吴宁，2004）。另外，很多学者建议建立独立董事的执业体系。③以信息对称为目标的信息制度如何设置。公司管理层显然是其获取信息的主要渠道，而来自被监督对象的信息是否真实和完整存在疑问；另外，独立董事的时间和精力也很有限（张凡，2003；郭强、蒋东生，2003；陈宏辉、贾生华，2002）。④协调独立董事与监事的功能冲突等。上述关于独立董事的基本问题的讨论有一定借鉴意义，但无论在理论上还是在制度的实际安排上皆存在许多内在的矛盾。

关于独立董事制度的实证分析，主要集中在两个问题上：其一，独立董事制度与公司绩效的关系；其二，独立董事人数的确定。国内这方面的研究极少，而国外的研究则较丰富，他们基于不同的视角并运用不同的方法对这一问题进行了经验分析，但是这些研究却得出了相互矛盾的结果。Baysinger 和 Butler（1985）的研究表明，独立董事在董事会中所占比例，与公司业绩之间呈正向相关关系。但是也有相反的研究结果（Hermalin 和 Weibach，1991；Mehran，1995）。Rosenstein 和 Wyatt（1990）考察了发布增加董事会中的独立董事人数消息当天的公司股票价格的变化，他们发现，随着任命消息的发布，公司的股票价格平均上升 0.2%，他们的研究结果表明，市场预期股东将从独立董事和任命中获益。Hemalin 和 Weisbach（1998）发现，在公司绩效下降之后，相对于内部董事的任命而言，独立董事的任命数增长，这表明独立董事被认为更可能接受来自提高公司绩效的挑战。Borokhovich 等（1996）发现，独立董事比内部董事更可能做出由来自公司外部经理人员替换具有较差绩效 CEO 的决策。当情况需要时，独立董事更愿意支持公司决策的重要变化。总之，20 世纪 90 年代中期以来，越来越多的研究显示，独立董事制度总体上有利于公司业绩提高（Renneboog，2000）。事实上直至 20 世纪 90 年代后期以来，独立董事制度才真正引起广泛关注并完善，在此之前的独立董事制度还很难称得上是一种制度，其在公司治理中的作用还没有完全体现出来。

上述的文献研究大都将视角涵盖所有行业，而且有相当数量实证分析的样本数据是将金融行业排除在之外的。这就使得得出的结论在银行业是否适用，值得商榷。尤其值得注意的是，银行业本身的特殊性，使得在公司治理问题上明显有别于其他行业（Caprio、Laeven 和 Levine，2003）。Prowse（1995）、John 和 Qian（2003）、John、Mehran 和 Qian（2003）等就从银行业自身特点出发研究了银行董事会人员构成、高管激励等治理问题。潘敏（2006）从理论上分析了银行业资产

结构的特殊性、资产交易的非透明性和严格管制三个典型特征对商业银行公司治理的影响。

银行业治理的特殊性主要表现在股权结构、债权结构、资产交易和管制等方面。在股权结构方面，由于政府的管制以及自有资本的限制，银行业股权比较分散，没有显著的"一股独大"的现象出现，股权制衡能力比较强。在债权方面，由于银行的债权所有人有相当一部分是中小储户，使得债权保护比较困难，债权治理相对乏力。银行的资产交换不透明，信息不对称程度比一般企业很大，导致外部投资者和债权人很难对资产交易质量进行评价，使得外部监督困难。另外，银行业董事会成员大部分是相关机构的派出人员，董事会持股比例显著的少于其他上市企业，因此单从此方面考量，很难认为董事会有很好的激励动机来对经理层进行有效的监督，并对广大股东负责。

2000 年，从中国上市公司披露的年报看，只有 4.92%的公司聘请了独立董事，中国证监会 2001 年 8 月发布《关于在上市公司建立独立董事制度的指导意见》。在《指导意见》中规定：各境内上市公司在 2002 年 6 月 30 日前，董事会成员中应当至少包括两名独立董事，其中至少包括 1 名会计专业人士；在 2003 年 6 月 30 日前，上市公司董事会成员中应当至少包括 1/3 独立董事。于是在证监会的要求下很多公司在 2001 年增设了两位独立董事。至此，独立董事制度的建设已步入了一个新的阶段。

本文的目的是要检验 2001 年 8 月证监会在建立独立董事制度的指导意见发布后，独立董事在银行业是否发挥了治理作用。通过对中国上市银行独立董事运行效率的实证分析，找出中国上市银行独立董事制度存在的问题和尚待改进之处，并提出有益的建议。

二、中国上市银行独立董事制度运行效率实证分析

（一）样本数据

我们的数据是从 2002~2005 年的国内上市的股份制商业银行，一共选取了 6 家上市商业银行。考虑到银行业数据收集的限制，样本比较少，因此将各家银行的历年数据制成混合数据。数据来源主要是色诺芬数据库，并以各家银行历年的年报作为补充。

（二）研究方法

1. 单方程模型检验

Performance = Corporation + CEO + Ownership + Independent Directors

Performance 表示银行绩效，用两个变量衡量：一个是总资产回报（ROA），代表会计数据；另一个是每股收益（EPS），显示银行市场价值。

Corporation 代表银行的基本性质，用三个指标衡量：一是银行规模，用 SIZE 表示，实证研究中采用总资产（ASSET）表示；二是银行资本结构，用 CS 代表；三是银行网点数量，用 NET 表示。控制这些指标，是为了更好的突出治理结构对银行绩效影响。

CEO 是用来刻画银行高管性质，这里我们采用一个虚拟变量 CEOdul。当行长或者总经理同时又担任董事长时为 1，两者分离时为 0。一般认为两职分离指标，是描述董事会独立性的重要变量，当总经理或者行长同时是董事长时候，独立董事要发挥作用就比较有限，由此董事会的独立性就比较弱。

Ownership 代表银行股权结构，在实证研究中，我们用三个指标来

刻画。第一个变量是 FHS，代表第一大股东的持股比例。第一大股东持股比例，一方面作为衡量银行股权结构；另一方面由于其在董事会对独立董事任免等影响比较大，有可能会因此影响到董事会的独立性。第二个变量是 Z，用它来表示银行股权结构的制衡能力，计算方式是第一大股东与第二大股东持股比例的比值。自从"安然事件"之后，越来越多的学者注意到大股东有可能在没有制约的条件下出现损害其他股东的行为，这称为"隧道效应"（Tunneling）。因此制衡能力是体现股权结构的重要指标。Z 值越小，制衡能力越强。第三个变量是衡量银行股权结构的一个虚拟变量 FN，它表示银行实际控制人的性质。当银行是国有控制时为 0，当实际控制人是民营或者外资时为 1。

Independent Directors，用来描述银行董事会独立性，我们用两个指标来衡量。第一个衡量指标是独立董事在董事会中占有的比例，用 IBP 代表，它是通常用来衡量董事会独立性的常用指标。一般认为在董事会中，独立董事比例越高，与该公司的关系关联越远，独立性就越大。第二个衡量指标是独立董事的任职年限与总经理或者行长的任职年限的比值，用 IBT 表示。独立董事制度的引进是为了更好的发挥董事会的监督作用，但是相对于管理层，由于时间和信息的限制，独立董事不能对管理层活动进行透彻了解，信息的不对称使得独立董事的独立性值得质疑。因此将 IBT 作为另一个衡量董事会独立性的指标。

为了分析董事会独立性与银行绩效间关系，我们设定了以下一组单方程计量模型：

Model 1：$ROA = SIZE + CS + NET$

Model 2：$ROA = SIZE + IBP + CEOdul + FHS + FN + Z$

Model 3：$ROA = SIZE + IBP + CS + NET + CEOdul + FHS + FN + Z$

Model 4：$ROA = SIZE + IBT + CS + NET + CEOdul + FHS + FN + Z$

Model 5：$ROA_t = SIZE + IBP_{t-1} + CS + NET + CEOdul + FHS + FN + Z$

Model 6：$EPS = SIZE + IBP + CS + NET + CEOdul + FHS + FN + Z$

其中模型 5，是考虑独立董事的作用滞后的可能性，即当期的独立董事的作用可能是通过下一期银行业绩所反映出来的。因此，实证研究中我们将当期的银行业绩与前一期董事会独立性联系起来，来考察两者之间的关系。

2. 联立方程模型的检验

前面是将董事会独立性作为外生变量考虑，现在我们将它作为内生变量来考虑。运用联立方程模型，在控制了其内生性后，来检验董事会独立性与银行绩效间关系。联立方程模型如下：

Model 7：$ROA = SIZE + CS + NET + CEOdul + FHS + FN + Z + IBP$

$IBP = SIZE + CS + CEOdul + FHS + FN + Z + ROA + BS$

由于使用联立方程模型检验，需要在各个结构方程中加入工具变量。一个好的工具变量，不仅要和内生变量关系密切，而且同时要与误差项没有关系，因此我们选用 NET 作为第一个结构方程的工具变量。另外，增加董事会规模，作为第 2 个方程的工具变量，用 BS 表示。

各模型采用变量的详细定义，见表 1。

表 1　变量定义

变量名称	定义
ASSET	表示银行总资产
CS	描述银行资本结构，计算公式：CS=负债合计/股东权益合计
CEOdul	描述银行两职分离情况，虚拟变量，两职分离—0，两职合——1
FHS	表示银行第一大股东持股比例
BS	表示董事会规模，以人数来计算
FN	描述银行实际控制人性质，虚拟变量，国有控股—0，其他—1
EPS	表示每股收益，计算公式；EPS=净利润/期末总股本
IBP	表示独立董事比例
IBT	表示独立董事任职年限与总经理或行长任职年限的比值
NET	表示银行拥有的网点数量
ROA	表示总资产收益率，计算公式：ROA=净利润/总资产
Z	表示银行第一大股东与第二大股东持股比例的比值

(三) 实证检验

1. 数据描述

研究选取了深圳发展银行、上海浦东发展银行、华夏银行、民生银行、中信银行以及招商银行 6 家上市的商业银行。由于数据所限，剔除不完整和异常数据之后，样本只有 22 个。统计年份是 2002~2005 年，其中，22 个样本中有 4 个样本是两职合一，占到总数的 18%，这显示，在银行业两职分离的现象是普遍存在的。另外，在上市银行实际控制人方面，只有深发展在 2004 年引进了国外战略投资者——Newbridge Asia，而民生银行则是由刘永好家族实际控制，属于民营控股。因此，在所有样本中有 77% 是国有控股，占到了大多数。其他变量的描述性统计，如表 2 所示。

表 2　变量的描述性统计

变量	均值	标准差	中位数	最大值	最小值
Log（asset）	26.028	1.297	26.519	27.322	23.192
CS	27.891	13.949	31.694	44.452	1.155
FHS	0.155	0.091	0.143	0.324	0.059
BS	17.636	2.172	18.000	20.000	13.000
EPS	0.297	0.146	0.305	0.635	0.040
IBP	0.316	0.089	0.314	0.421	0.100
IBT	0.967	0.891	0.633	3.500	0.250
NET	244.773	109.991	239.000	456.000	40.000
ROA	0.006	0.007	0.004	0.031	0.001
Z	2.291	1.507	1.439	5.591	1.061

表 2 显示，在银行基本数据方面，各行资产规模相差不是太大，总体接近，而资本结构和网点数量则各行相差较大。中信银行的资本负债比例历年都比其他银行低很多，与最大负债比例的银行相差 40 多倍。而在网点数方面，由于是混合数据，股份商业银行处在发展阶段，因此在早期，银行网点数量普遍不是很多，因此此项标准差才会如此之大。在银行绩效方面，ROA 和 EPS 表现出总体稳定的情况，各行之

间差别不大。在治理结构方面，董事会规模差异比较显著，各行第一大股东持股比例普遍较低，这可能与严格的监管制度有关。同时股权结构中的制衡能力各行之间还有差别。而在董事会独立性方面，样本表现比较稳定。

2. 相关性分析

表 3 列示了几个变量之间的相关系数，表格上半部分是 Spearman 检验，下半部分是 Pearson 检验，括号内的是 P 值。

表 3　变量间相关性分析

	ROA	EPS	IBP	IBT	Z	FHS	ASSET	CS	NET
ROA	1	0.412 (0.797)	0.459** (0.031)	−0.241 (0.28)	0.242 (0.278)	0.449** (0.036)	−0.217 (0.373)	−0.759*** (0.000)	−0.095 (0.673)
EPS	0.159 (0.127)	1	−0.226 (0.312)	−0.499** (0.018)	−0.467** (0.028)	−0.623*** (0.002)	0.787*** (0.000)	0.219 (0.329)	0.730*** (0.000)
IBP	0.425** (0.049)	−0.239 (0.286)	1	−0.248 (0.265)	0.247 (0.268)	0.375* (0.086)	−0.141 (0.565)	−0.601*** (0.003)	−0.342 (0.119)
IBT	−0.137 (0.542)	−0.387* (0.075)	−0.254 (0.255)	1	0.409* (0.059)	0.128 (0.570)	−0.280 (0.245)	0.251 (0.261)	−0.287 (0.196)
Z	0.360* (0.099)	−0.634*** (0.001)	0.201 (0.367)	0.564*** (0.006)	1	0.774*** (0.000)	−0.418* (0.075)	−0.421* (0.051)	−0.054 (0.810)
FHS	0.665*** (0.001)	−0.685*** (0.000)	0.476** (0.025)	0.051 (0.820)	0.733*** (0.000)	1	−0.548** (0.015)	−0.653*** (0.001)	−0.258 (0.246)
ASSET	0.154 (0.528)	0.844*** (0.000)	0.180 (0.462)	−0.584*** (0.009)	−0.013 0.957	−0.165 (0.500)	1	−0.309 (0.198)	0.760*** (0.000)
CS	−0.764*** (0.000)	0.465** (0.029)	−0.518** (0.013)	0.317 (0.149)	−0.372* (0.088)	−0.852*** (0.000)	0.452* (0.052)	1	0.120 (0.594)
NET	−0.517** (0.013)	0.765*** (0.000)	−0.408* (0.058)	−0.141 (0.529)	−0.409* (0.058)	−0.520** (0.012)	0.818*** (0.000)	0.542*** (0.009)	1

注：* 是显著性在 0.10 水平之内；** 是显著性在 0.05 水平之内；*** 是显著性在 0.01 水平之内。

表 3 显示，在不考虑其他因素的情况下，无论是 Spearman 还是 Pearson 检验，独立董事的比例对银行绩效都有显著的促进作用，但是同样值得注意的是，独立董事任职年限对银行的市场价值却是显著的负相关。另外，分析显示，第一大股东持股比例和资本结构与银行会计价值有显著关系，而股权结构和网点数量与银行市场价值关系密切。并且股权结构、企业绩效与银行董事会独立性存在紧密的关系。

3. 回归分析

A. 单方程模型回归分析

表 4 用一组单方程模型考察了董事会独立性与银行绩效间的关系，括号内的是 P 值。

表 4　独立董事与银行绩效间单方程回归分析

Independent Variables	Dependent Variables					
	ROA					EPS
	Model 1	Model 2	Model 3	Model 4	Model 5	Model 6
Log（asset）	−0.003 (0.185)	−0.003 (0.060)	−0.012 (0.028)	−0.001 (0.078)	−0.006 (0.095)	0.019 (0.004)
IBP		0.003 (0.852)	0.01 (0.459)		0.037 (0.083)	0.272 (0.163)
IBT				0.001 (0.001)		
CS	−0.001 (0.094)		−0.001 (0.645)	−0.001 (0.113)	−0.001 (0.192)	−0.011 (0.003)
NET	0.001 (0.532)		0.001 (0.047)	−0.001 (0.466)	0.001 (0.481)	0.001 (0.000)
CEOdul		0.001 (0.665)	0.001 (0.918)	0.002 (0.461)	0.001 (0.641)	0.064 (0.112)
FHS		0.04 (0.219)	−0.008 (0.832)	−0.006 (0.908)	−0.235 (0.093)	−1.878 (0.008)
FN		0.002 (0.667)	0.01 (0.065)	0.001 (0.926)	0.018 (0.266)	0.044 (0.364)
Z		−0.002 (0.261)	−0.003 (0.206)	0.001 (0.953)	−0.001 (0.171)	0.013 (0.595)
R−squared（adjusted）	0.681	0.639	0.774	0.655	0.645	0.883

模型 1~模型 6 中的几个自变量可以归为两类：一类是衡量银行治理结构的变量，另一类是描述银行基本特征的变量。

表 4 显示了独立董事对银行绩效的作用是滞后的。模型 1~4 以及模型 6 显示，尽管独立董事比例对银行绩效有提升，但是效果并不明显。而模型 5 却显示当期的独立董事比例对下一期银行业绩有明显的促进作用。

替代理论（Substitution）认为，治理结构之间是互相替代的。当公司的股权结构分散，股权制衡能力较好，几个大股东之间互相牵制时，那么中小股东的利益保护会比那些拥有一股独大的股权结构的公司要好。换言之，由于股权结构的制衡，使得其独立董事在保护中小股东而执行的监督能力的弱化。我国商业银行由于监管等原因，股权比较分散，股权结构的制衡能力相比一般企业要好得多，因此独立董事的监督能力弱化，使得其对企业绩效的促进不明显。而独立董事本身的因素也可能促成这样的结果。独立董事由于地位特殊，因此平时对银行的信息掌握不够，又加上部分独立董事身兼数职，尽管有些在银行待了数年，但是没有精力来履行独立董事的职责，造成了独立董事设置的形式化。

尽管独立董事的监督作用有可能被其他治理结构所替代，但是独立董事的作用不仅是监督职能，它还有提高董事会决策能力这一同样重要的职能。因此，在当期，独立董事由于所得信息不足，对银行绩效的作用有限是有可能的。但是在掌握了当期的信息之后，独立董事可以凭借其专业背景和关系，提高董事会的决策效率，促进下一期业绩的提升。而模型 5 正好显示了这一点。

表 4 还可以看到第一大股东持股比例对银行的绩效存在负的相关关系。这提醒我们，虽然银行股权比较分散，但是"隧道效应"（Tunneling）还是可能存在的。如果缺乏更好的制衡环境，以及更有效的监督力量，侵占银行利益的事情还是有可能会发生。并且，从 IBP、IBT 和 Z 的分析结果看，加强制衡能力和监督能力会对企业绩效有促进作用。另外，分析结果还提示，引进一定的战略投资者对银行的业绩提升有帮助。

值得注意的是，比起治理结构，银行规模、资本结构和网点数量对银行的绩效有更显著的影响。一个有趣的现象是，模型 1~模型 8 回归分析显示，银行规模越大，企业总资产回报越少。但是模型 6 却显示，银行的规模越大，企业的市场价值越高。这明显的表示，广大投资者认为，银行的规模越大，今后银行升值的潜力越大，因此在股票市场上给予规模大的银行一个更好的评价。但是现实的情况却显示，规模大的银行在资产回报方面做得还不够好。在外资银行抢滩中国市场的今天，银行除了注重量的方面累计之外，需要在质方面给予更高度的重视。

银行的网点数在一定程度上代表了银行在市场上的份额，网点数量越多，市场份额可能越大，从而能够促进银行业绩的提升。从模型6可以看到，网点数的多寡也暗示了银行今后发展的潜力的大小。

总的来说，在银行业，独立董事的作用有明显的滞后。独立董事在董事会的作用可能更多的是发挥其提高董事会决策的能力。相对来说，其监督职能有可能因为其他治理结构的替代效应而有所弱化。并且，企业规模、资本结构和网点数量对银行的绩效有更为明显的影响。另外，从模型1和模型3比较来看，两者不能偏废，结合起来对企业绩效有更好的促进作用。

B. 联立方程模型的回归分析

表5是运用三阶段最小二乘法（3SLS）对模型7的回归结果，括号内的是P值。

表5　独立董事与银行绩效间联立方程回归分析（3SLS）

Exogenous Variables	Endogenous Variables	
	ROA	IBP
ROA		5.672 （0.470）
IBP	0.041 （0.362）	
Log （asset）	−0.016 （0.021）	−0.079 （0.099）
CS	−0.001 （0.953）	0.007 （0.354）
NET	0.001 （0.037）	
CEOdul	−0.001 （0.826）	0.052 （0.302）
FHS	−0.028 （0.548）	1.542 （0.096）
Z	−0.003 （0.167）	−0.085 （0.063）
FN	0.011 （0.031）	0.115 （0.074）
BS		0.031 （0.115）

表5显示，在控制了变量内生性的影响之后，董事会独立性与银行绩效间仍然存在一定的正相关关系。比较表4，在考虑独立董事比

例内生之后，两职分离情况对银行绩效有一定促进作用，银行实际控制人的性质对银行绩效的作用变得显著。

从表 4、表 5 看到，独立董事作用在当期虽然有促进但不明显，但单从模型 5 发现，独立董事的滞后效应是很明显的。独立董事在监督方面可能由于其他治理结构的替代效应而弱化，但是它在提高决策效率方面的作用不容忽视。因此，为了更好的反映独立董事的这方面作用，我们对其做进一步的分析。

C. 进一步分析

从模型 5，我们发现，独立董事在银行业里可能更多的是发挥其专业背景和社会关系，来帮助董事会提高决策质量，从而促进银行业绩的提升。为了更深入的对这个问题进行分析，我们建立了模型 8：

Model 8： $ROA = SIZE + NET + FIN + RLT + FHS + Z$

其中，FIN 代表独立董事中有金融背景的人数。我们判断独立董事是否有金融方面背景，有两个条件：一是该董事自身是否是金融方面的专家；二是该董事现在是否在其他金融公司担任高管。两个条件满足一个，就认为该董事拥有金融方面的背景。而 RLT 则代表独立董事中拥有一定的行业社会关系。这方面我们的认定，是考虑独立董事是否在会计、法律等协会任职，特别是把在政协任职的独立董事认作是拥有政治关系背景。

我们手工收集了 6 家银行历年的独立董事的背景，信息来源主要是银行年报，以及在网络上搜索的结果作为补充。收集结果发现，一般银行独立董事专业背景集中在金融、管理、法律和会计这四个主要的专业上。其中，金融方面的专业人数占到总的比例的 1/3 强。另外，在独立董事的社会关系方面，有大学教授、各个专业协会的会长或者理事，以及在其他公司担任高管。特别值得注意的是，在其他金融公司担任高管的独立董事数量占不小比例。

该模型另外几个控制变量的定义与上面几个模型的定义一样，这里不再赘述。

表6　独立董事对银行绩效的进一步回归分析

	Log（asset）	NET	FIN	RLT	FHS	Z
ROA	−0.005 (0.112)	0.002 (0.267)	0.001 (0.051)	0.002 (0.078)	0.033 (0.245)	−0.002 (0.117)

表6的结果显示，拥有金融背景的独立董事对银行的绩效有明显的促进作用。并且，拥有更多的社会关系的独立董事对银行业绩的提升也有很大的帮助。这个结果印证了模型5的结果。

独立董事在银行业的监督职能有可能由于其他治理结构，例如较强的股权制衡能力，而有所弱化，但是其提高决策的能力则有所加强。银行业独立董事中，拥有该行业背景以及专业知识的比例很高。这些独立董事的存在，对于银行的发展有较大裨益。他们一方面利用自己的专业特长，帮助银行分析环境，提高决策质量；另一方面，他们自己大都也从事与该行业有关的方面，因此，可以利用庞大的关系网络，帮助银行进行运作，减少银行的社会成本。这两方面的共同作用，使得独立董事对银行的绩效有明显的促进作用。

历来对独立董事的质疑一个主要方面就是信息限制。由于独立董事不能对公司有透彻的了解，因而在决策效率上发挥作用受到限制。但是，从实证结果来看，特别是模型5和模型8的结果显示，由于银行的独立董事中有金融背景的占了大多数，关于银行的运作比较熟悉，再加上自身的社会关系，对于提高决策效率，促进银行发展起到了很好的作用。

三、结论与启示

国内上市银行与一般企业在许多方面存在差异，简单套用以往的治理结论有失偏颇。在结合银行业自身特点的基础上，研究证实，由于银行股权制衡能力比较强，独立董事的监督职能弱化，但是银行独立董事由于其专业背景以及广泛的社会关系，能够提高董事会决策效率，促进银行业绩的提升。研究发现，独立董事的作用是有滞后的。当期的独立董事能够明显促进银行下一期的绩效。因此，研究认为，独立董事在国内上市银行中的运行具有效率，能够帮助银行进一步发展。

此外，本研究对为广大投资者、监管者以及银行的管理者以及股东有一定的参考价值。首先，银行业的公司治理要充分考虑到银行业本身的特点。比如高资负债、股权分散、严格监管等。这些因素对治理结构有很大的影响，银行业的治理不能简单的套用对一般企业的治理结论。其次，关于独立董事的作用。以往的研究着重于其监督职能而忽略了辅助决策的职能。在银行业由于独立董事大多从事与其相关的工作，因此对于辅助决策有很好的影响能力。这是考虑银行治理所不能忽视的方面。最后，研究还显示，要想促进银行业绩的提升，改善治理结构和扩大市场份额同等重要，不可偏废。

参考文献：

［1］Baysinger, B., Butler, H., Corporate Governance and the Board of Directors: Performance Effects of Changes in Board Composition ［J］. Journal of Law, Economics and Organization, 1985（1）: 101-124.

［2］Caprio, G., Laeven, L., Levine, R. Governance and Bank Valuation ［J］. NBER Working Paper, 2003（10）: 15-81.

［3］Hermalin, B., Weisbach, M. The effect of Board Composition and Direct Incentives on Firm Performance ［J］. Financial Management, 1991（20）: 101-112.

［4］Hernalin, B., Weisbach, M., Endogenously Chosen Boards of Directors and Their Monitoring of the CEO ［J］. The American Economic Review, 1998, 188（1）: 96-118.

［5］John, K., Qian, Y., Incentive Feature in CEO Compensation in the Banking Industry ［J］. Economic Policy Review, 2003（9）: 109-121.

［6］John, K., Mehran, H., Qian, Y. Regulation Subordinated Debt and Incentive of CEO

Compensation in the Banking Industry [J]. Unpublished paper, FRBNY, 2003.

[7] Mehran, Executive Compensation Structure, Ownership, and Firm Performance [J]. Journal of Financial Economics, 1995 (138): 163-184.

[8] Prowse, S. Alternative Methods of Corporate Control in Commercial Banks [J]. Economic Review Third Quarter, 1995.

[9] Renneboog, L. Ownership Managerial Control and the Governance of Companies Listed Oil the Brussels Stock Exchange [J]. Journal of Banking & Finance, 2000 (24): 1959-1995.

[10] Rosenstein, S. Wyatt, J. Outside Directors, Board Independence and Shareholder Wealth [J]. Journal of Financial Economics, 1990, 26 (2): 175-191.

[11] 陈宏辉, 贾生华. 信息获取、效率替代与董事会职能的改进: 一个关于独立董事作用的假说性诠释及其应用 [J]. 中国工业经济, 2002 (2).

[12] 郭强, 蒋东生. 不完全契约与独立董事作用的本质及有效性分析——从传统法人治理结构的缺陷 [J]. 管理世界, 2003 (2).

[13] 郭璟, 吴宁. 论建立独立董事间接薪酬制度 [J]. 管理评论, 2004 (2).

[14] 张凡. 关于独立董事制度几个问题的认识 [J]. 管理世界, 2003 (2).

❽ 银行高管薪酬与绩效关系的实证研究*

现有文献鲜有从银行业治理特性角度考察银行 CEO 报酬与绩效关系，大都忽视了银行业自身特性对治理结构的影响。本文在银行的外部监管、高负债比等方面，通过实证方法深入考察了银行 CEO 报酬与绩效间关系。实证发现，银行业的 CEO 货币报酬与绩效的关联敏感度要高于一般企业，且银行 CEO 报酬与相对业绩没有明显的关系。另外，结果显示银行业对股东权益的重视与一般企业无异，没有体现出因为高负债比而出现的差异。研究认为，相对于一般企业，拥有更为完善的治理结构的银行业，治理效果不容乐观。

一、引言

近段时间，有关国内银行行长的薪酬问题在各种媒体上被大家广泛讨论。事实上，讨论行长的薪酬高低多少，在学界被认为是在当前

---

* 原文发表在《重庆大学学报》（社会科学版）2009 年第 4 期，署名作者：宋增基，卢溢洪，杨柳

现代企业制度下，所有权与经营权相分离的实际背景下必然产生的高管激励问题。该问题最早的研究可以追溯到 1925 年（Taussings 和 Baker，1925）。西方学者广泛地研究了包括经营者报酬与企业业绩间关系，经营者报酬与规模间关系，经营者个人特征对报酬的影响以及政府对经营者报酬的影响在内的众多方面（Mcguire、Chiu 和 Elbeing，1962；Murghy，1985；Jenson 和 Murghy，1990；Joscow、Rose 和 Shepard，1993）。国内学者最近几年在此方面也做了不少的工作（魏刚，2000；宋增基和张宗益，2002；谌新民和刘善敏，2003；张俊瑞等，2003；徐向艺等，2007）。

但是，值得注意的是，已有的文献绝大部分只讨论一般企业的高管激励问题。这些研究，没有考虑每个行业各自独特性在该治理问题上的作用。也有一小部分研究考虑了行业影响，但是只是简单的将行业进行分类类比，没有深入的从行业独特性的角度考察高管激励问题（魏刚，2000）。特别是对于银行业的高管激励问题的研究少之又少。

事实上，银行业自身的特殊性，会对治理效果产生不容忽视的影响。已经有一些学者注意到了这个问题，Prowse（1995），John 和 Qian（2003），John、Mehran 和 Qian（2003）等就从银行业自身特点出发，研究了银行董事会人员构成、高管激励等治理问题。而国内学者潘敏（2006）也从理论上分析了银行业资产结构的特殊性、资产交易的非透明性和严格管制三个典型特征对商业银行公司治理的影响。最近，宋增基等（2007）的实证研究也表明，银行的特殊性导致其治理问题不同于一般企业。

银行业不同于一般企业的特点之一是高监管。银行业有众多的监管机构对其实施监管，包括央行、银监会、国资委、财政部等。又有许多法律法规制度对它各方面行为进行约束。这样的监管体系对于银行自身的公司治理结构是否会有替代作用，抑或促进作用，就值得研究。特别地，这种高监管是否会在一定程度上替代高级管理层的激励制度。因为可能的情况是，在严密的监管体制下，高级管理层与股东间的代理成本将会降低，董事会对高级管理层设置的激励制度将有所影响，比如削减一部分激励措施。这样，银行业因为有高监管的特性，可能在治理结构上产生替代效应。

银行业的另一个独特性是高负债，银行业的资产负债比显著高于一般企业。这样的资本结构，将产生一个问题：银行高级管理层将谁的利益放在首位，银行债权人还是股东。或者说，银行债权人的利益与银行股东之间的利益冲突是否有别于一般企业，这样的情况将会对治理结构产生怎样的影响？这些问题的答案决定了银行高级管理层对银行运营的实际操作，由此影响银行业绩。这样的高负债结构将对银行业的代理问题，特别是对高级管理层产生什么样的影响，是值得关注的又一个重点。

银行业的这些特殊性对其自身公司治理问题，将会产生不同于一般企业的治理影响。而以往的文献在此方面研究还鲜有涉及，因此其关于高级管理层激励问题的研究结果是否适用于银行业还有待商榷。我们的研究立足于银行业本身，在充分考虑银行业特殊性的基础上，深入考察银行业 CEO 报酬与银行绩效间关系。文章试图对银行治理方面的研究做进一步开拓，同时也希冀该研究对实务界有所启迪。

二、研究假设

本文的目的是研究银行业 CEO 报酬与绩效间关系，着重于银行业的特殊性对于银行自身治理情况的影响，特别分析其区别于一般企业的特征。

委托代理理论认为，由于股东与经营者之间存在信息不对称的情况，股东对经营者的报酬定价主要参考指标是公司的业绩（Jensen 和 Meckling，1976）。即股东将企业经营看作是一个"黑箱"，在"黑箱"

内部的操作对于股东来说是看不到或者说不容易观察到的，这样，股东只能通过观察通过"黑箱"输出的实际业绩作为衡量经理付出的指标。对于这个观点，有一些实证研究的证据。Murphy（1985），Joscow、Rose 和 Shepard（1993）的研究就认为，经营者报酬与企业绩效间呈正相关关系。国内学者宋增基和张宗益（2002），张俊瑞等（2003）的研究也都赞同经营者报酬与公司绩效间存在有较为显著的正相关关系。

大多数的文献认为，企业经营者报酬与企业业绩是紧密联系的，但是不能忽视的是不同行业企业之间的差别。比如 Jensen 和 Murphy（1990）通过对大型公众持股公司的研究表明，经营者报酬与企业业绩之间关系并不显著，呈现弱相关关系，原因可能是政府对大型公众持股公司的干预。而国内学者魏刚（2000），谌新民和刘善敏（2003）也同样认为，行业因素对报酬与业绩间关系影响很大。因此在考虑企业经营者报酬与企业绩效关系时，必须重视行业特性。

而具体到银行业，最显著的特征就是高监管。由于银行业的高监管，这样有可能增加股东对企业这个"黑箱"的透视能力，即通过各类外部监管体系，有助于银行股东改变以往单纯依靠业绩来衡量经营者付出，从而制定薪酬的方式。而更有可能采用更多的指标来考核高级管理人员。从这个角度上分析，银行业的经营者报酬与绩效的关联敏感程度将会低于一般企业，因此，我们假设：

假设 1：相比一般企业，银行 CEO 报酬与绩效的关联敏感度较低。

而关于绩效，现有实证研究普遍采用的是绝对绩效，即只关心本企业或银行自身的绩效变化。但事实上，一个企业的业绩高低与国际分工、行业周期、通货膨胀等外在因素息息相关，单纯用本企业的绩效来衡量管理层努力可能不是最佳方式。国外学者提出一种所谓锦标赛的理论，认为可以通过行业内企业间横向比较来确定企业相对业绩，从而制定合理的经营者报酬（Lazear 和 Rosen，1981）。Gibbons 和 Murphy（1990）的研究在一定程度上支持了这个观点。因此，我们假设：

假设 2：银行 CEO 报酬与相对绩效间关系显著。

由于银行的资产负债比显著高于一般企业，这样的高负债，使得银行股东与债权人的利益冲突大于一般性企业（潘敏，2003）。这种情况下，股东权益对银行经营者报酬的影响有可能比一般企业弱，因此，我们假设：

假设 3：相比一般企业，银行 CEO 报酬与股东权益间的敏感程度较低。

以上三个假设是紧密围绕研究 CEO 报酬与银行绩效间关系而提出的，通过对假设的实证检验，我们能比较清晰的认识到当前国内银行业 CEO 报酬与业绩间关系。进一步通过对银行 CEO 激励制度的考察，特别是与一般企业作对比，会更清楚的发现银行业的特殊治理结构对其治理问题的影响。

三、实证检验

（一）样本选择

研究选择 2007 年 3 月前在沪、深 A 股市场上市的 8 家银行作为研究样本，样本时间选取 2002~2006 年。考虑到银行业数据收集的限制，样本比较少，因此将各家银行的历年数据制成混合数据。另外，为了更好地发现银行业特殊性对治理问题的影响，我们还选取同期除金融行业以外的上市公司作为对比样本。并且为了更有对比性，选取的一般上市企业的资产规模限定在 100 亿元以上，在剔除异常样本后，共选取 54 家上市公司作为对照样本。数据来源主要是色诺芬数据库，并以各家银行及上市公司历年的年报作为补充。

（二）变量选择

本研究采用的变量分为三大类：第一类是描述银行或企业的绩效变量；第二类是描述银行或企业 CEO 报酬变量；第三类是控制变量。

研究采用资产收益率（ROA）增长率和股东权益（Shareholder_value）增长率来描述银行业绩变化。选择 ROA，而不是国内学者大多采用的净资产收益率（ROE），是因为一些学者的研究表明，中国上市公司为迎合监管部门的规定，对 ROE 存在着大量的利润操纵行为（陈小悦、徐晓东，2001；吴淑琨，2002），而 ROA 能更好的反映企业的经营状况。在 CEO 报酬变量方面，主要是货币报酬（CEO_Salary）增长率，因为目前国内上市银行 CEO 没有股权激励，因此没有将 CEO 股权增长率考虑在内，为了有所对比，也没有将一般企业股权激励制度考虑在内。控制变量中，除了常用的企业规模外，还加入银行网点数量变化，资本充足率（Capital Adequacy Ratio，CAR）变化等衡量银行的特殊变量，同时用债务资本比率（Debt Capital Ratio，DCR）作为衡量一般上市企业的控制变量。另外，我们设立了一个虚拟变量 D，用来区分银行与一般企业。详细的变量说明，如表 1 所示。

表 1 变量的含义和说明

变量名	含义	说明
绩效变量		
ΔROA	资产收益率增长率	（净利润/总资产）与上一年的数据之比
ΔROA#	相对资产收益率增长率	扣除行业平均增长率之后的企业相对增长率
ΔShareholder_value	股东权益增长率	股东权益与上一年之比
CEO 报酬变量		
ΔCEO_Salary	CEO 薪水增长率	CEO 薪水与上一年之比
控制变量		
ΔSize	公司规模增长率	上市公司的总资产的增长变化
ΔNet	银行网点数增长率	银行网点数量与上一年之比
ΔCAR	资本充足率变化	描述银行的控制变量
ΔDCR	债务资本比率变化	描述一般企业的控制变量
D	虚拟变量	样本为银行，D=1；样本为一般企业，D=0

（三）模型设定

$$\Delta CEO\_Salary = a+b*\Delta ROA + U + E \tag{1}$$

$$\Delta CEO\_Salary = a+b*\Delta ROA + c*D*\Delta ROA + U + E \tag{2}$$

$$\Delta CEO\_Salary = a+b*\Delta ROA\# + U + E \tag{3}$$

$$\Delta CEO\_Salary = a+b*\Delta Shareholder\_value + c*D*\Delta Shareholder\_value + U + E \tag{4}$$

我们设定 4 个模型来验证第二部分提出的假设。模型中，U 代表控制变量，如公司规模、银行网点数量、资本充足率或是债务资本比率的变化量，而 E 代表误差项。特别指出，实证研究中用 b 值衡量 CEO 报酬与绩效间的敏感度。

模型（1）将分别使用银行样本与一般上市企业样本进行计算，用于比较经营者报酬与业绩之间的关联敏感度，并采用混合样本数据计算模型（2），以验证假设 1。模型（3）采用相对业绩指标来验证假设 2。最后，采用混合数据计算模型（4）来检验假设 3。

（四）变量的描述性统计

表2　银行变量的描述性统计

	样本数	CEO（万元）	ROA	Shareholder_value（亿元）	Size*	CAR	Net
2002	4	57.63	0.0039	84	26.25	0.0297	240
2003	5	67.20	0.0036	110	26.46	0.0306	275
2004	5	103.00	0.0038	120	26.62	0.0296	291
2005	5	149.03	0.0039	140	26.84	0.0280	321
2006	7**	299.84	0.0050	120	27.66	0.0418	4263***

注：* 该值是原值取自然对数调整后得到；** 浦发银行行长于 2006 年 8 月新上任，因此只记录 7 家银行行长的年薪；*** 因为这一年有工行、中行加入样本，网点平均数量显著提升。

表 2 显示，上市银行行长的平均年薪和银行绩效逐年在提高。其中，有几个值得注意的地方：2003 年，当年行业平均 ROA 低于 2002 年，但是行长的年薪却是在增长；而在 2006 年平均股东权益比 2005

年下降了 20 亿元，而行长年薪却比 2005 年增加了近一倍。

图 1 和图 2 分别显示了行长年薪每年的增长率和银行绩效与规模的增长。

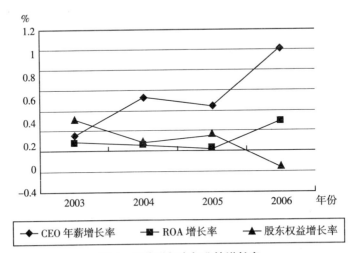

图 1 年薪增长率与业绩增长率

从图 1 可以看到，行长的年薪的增长率全为正，并且逐年提高的，而关于银行绩效的两个变量的增长率却表现比较平稳，甚至各有一年出现了负增长，而且在 2006 年，股东权益与行长的年薪呈相反方向变化。

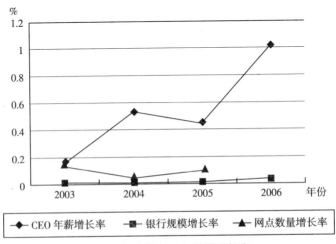

图 2 年薪增长率与规模增长率

在图 2 中，因为 2006 年的银行网点数量由于中行与工行的加入而激增，与前几年缺乏比较意义，因此图中只显示了 2003~2005 年的 3 个值。从图 2 看到，银行规模与网点数量的增长相对于行长的年薪增长也比较缓慢。

从以上的简单比较来看，我们似乎没有发现行长年薪增长与绩效增长以及银行规模增长之间有较强的相关关系。但是，我们不能因此就简单的下结论，这还需要进一步的分析。

（五）回归分析

表 3 是模型（1）和模型（2）的回归结果，括号内的是 P 值。

表 3　CEO 报酬与绩效间回归分析

	ΔCEO_Salary		
	(1)		(2)
	银行样本	企业样本	混合样本
ΔROA	2.64	0.027	0.019
	(0.000)	(0.301)	(0.285)
D*ΔROA			2.62
			(0.000)
ΔSize	−1.343	0.04	0.01
	(0.424)	(0.084)	(0.100)
ΔCAR	−0.839		
	(0.191)		
ΔDCR		−0.021	
		(0.000)	
ΔNet	−0.388		
	(0.795)		
R^2-adjusted	0.876	0.325	0.342

从模型（1）的结果，我们可以看到，银行业 CEO 报酬对业绩的敏感度是非常显著的（P 值在 1%以内），业绩每增加 1%，银行行长的报酬要增加 2.64%。而对于企业来说，业绩增加 1%，管理者报酬仅增加 0.027%。值得注意的是，两个模型比较来看，结果与我们的假设 1 是相反的。

之前，我们假设认为，银行业由于存在高监管的特征，业绩对于高管报酬的敏感度应该低于一般企业，事实上，国外学者的结果确实如此（John 和 Qian，2003）。但是我们的实证结果为什么不一样呢。分析认为，造成这个结果的因素可能有两个。

第一个因素，国内银行业 CEO 报酬结构与一般企业不同。银行业目前的报酬只有货币报酬，并不涉及权益类，如股票期权。而一般上市企业的 CEO 报酬结构中却包含有权益类（谌新民和刘善敏，2003；胡铭，2003）。这样，对于一般上市企业来说，业绩的反映可能更多的体现在高管的权益报酬中，因此有可能造成敏感度低于银行业。从实证结果也可以看到，一般企业的高管报酬对业绩的敏感度不显著，也暗含了企业业绩更多的可能与高管的权益报酬相联系的可能。

第二个因素，可能在于尽管银行的监管制度比较严格，监管机构众多，但是正因如此，容易造成制度过于烦琐而得不到执行，多头管理变成无人管理等问题。因此，制定银行高管的报酬，最后还是用业绩来评价。而从这个角度来看，银行治理可能存在一定的漏洞或者说是缺失。事实上，问题不在于用业绩评价不对，而在于只是用业绩来评价 CEO 贡献，表明了银行运营对于股东来说仍然是一个"黑箱"。众多的外部治理机构和内部机构并不能降低所有权与经营权相分离而产生的代理成本，这才是问题的关键所在。银行在内部治理结构方面，和一般企业类似，拥有董事会、独立董事、监事会等治理机构，董事会下有些还设有专门的委员会，并且相比一般企业，银行的外部治理则更为完善。综合来看，银行的治理结构设置要比一般企业完善得多。但是从实证结果并没有显示出这一方面的优势。这是值得思考的地方，拥有更完善的治理结构，但是取得的效果却不明显。

模型（2）加入了虚拟变量，结果证实了银行业与一般企业在业绩对报酬的敏感度方面存在显著差别。可能的原因有许多，如我们假设中所指出的，治理的结构性差异，或者是银行缺少股权激励手段等。这样的结果，显示了银行业有别于一般企业的治理特性。

另外，从模型（1）看到，银行规模、网点数量等因素对银行高管的报酬影响不大，这应该是个积极现象。盲目追求量上的变化并不可取，现阶段关键是提升银行质的因素，以应对国外银行的进入和金融全球化的影响。

表 4　CEO 报酬与相对绩效间回归分析

	ΔCEO_Salary
ΔROA#	0.947
	(0.244)
ΔSize	−0.436
	(0.512)
ΔCAR	0.089
	(0.742)
ΔNet	−1.176
	(0.384)
R^2–adjusted	0.363

　　表 4 显示了模型（3）的结果，括号内是 P 值。模型（3）中，我们加入了变量 ΔROA#，该变量是描述在扣除行业增长影响后，单个银行 ROA 的增长情况。从回归结果发现，该变量对银行高管报酬的影响比较弱，与我们先前的假设 2 相反。实证结果可以认为，相对业绩变化对银行 CEO 报酬没有影响。一般认为，影响企业的业绩增长的相关因素非常多，其中包括企业家能力因素，也包括行业环境变化因素，比如行业生命周期等。这样，单纯从企业纵向业绩变化来考察高管的贡献，显然并不合理。从模型结果看到，当前，国内上市银行高管报酬的设定仍停留"与自己比"的阶段，在经营者报酬设定方面还有待完善。

表 5　CEO 报酬与股东权益间回归分析

	ΔCEO_Salary
ΔShareholder_value	0.127
	(0.374)
D*ΔShareholder_value	0.792
	(0.326)

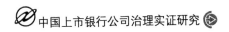

	ΔCEO_Salary
ΔSize	0.096
	(0.615)
R²–adjusted	0.211

　　表5列示了模型（4）的回归结果，括号内的是 P 值。该模型是用来验证假设3的。从回归结果，我们不能发现银行业与一般企业在高管报酬与股东权益之间存在显著的区别，这与假设3相反。原因可能是在，尽管银行存在比较高的资产负债比，但是应该认识到，银行的负债主要是通过小额负债构成的，除了居民储蓄外，即使是大企业的存款相对于银行的总存款比例仍然很小。这样银行债权人往往处于分散状态。在债权人分散的情况下，尽管法律上规定有债权人拥有参与企业重组、破产清算的权利，但是分散的债权人"搭便车"行为却有可能发生。这样，看似银行业的债权人的重要性似乎要大于一般企业，但是实际上，由于银行债权的分散特性，这种债权人与股东间矛盾没有预计的那样明显。实证结果的不显著也说明了这点。从这个角度来看，事实上，银行债权人的利益似乎没有得到应有的重视。银行股东可能利用信息不对称，容易采取高风险投资行为，并将风险转嫁给广大债权人。根据实证结果，我们还不能发现在目前银行治理中债权人利益得到充分重视的证据。

四、结论与启示

　　本文通过对银行与一般企业的对比研究发现，银行业的 CEO 货币报酬与绩效的关联敏感度要高于一般企业，并且银行 CEO 报酬与相对业绩没有明显的关系。另外，实证结果显示，银行业对股东权益的重视与一般企业无异，没有体现出因为高负债比而出现的差异。

从研究来看，国内银行绩效每上升 1%，其高管的货币报酬就显著地提高 2.64%，这种结果反映出两个问题：

一方面，拥有众多外部监管机构的银行业，其治理效果也并不理想。银行董事会仍然仅仅通过业绩来考察 CEO 的贡献程度，而在银行内部与外部设立的众多治理结构并不能明显有效地降低股东与管理者间的代理成本。这暗示，在当前形势下，尽管我们有各种看似比较完善的各类治理结构，但是实际治理效果仍然不能乐观。

另一方面，该实证结果也表明，目前国内银行高管的报酬结构比较单一，缺少股票期权等权益类激励措施，致使高管激励主要针对货币报酬，使得货币报酬对业绩的关联敏感程度要远高于一般企业（表 3 结果显示，一般企业的敏感度是 0.027）。这种单一的报酬结构不利于银行业的长期发展，国内相关机构应该考虑鼓励银行业进行高管股权激励。

另外，研究也发现，银行 CEO 货币报酬的设定仅仅与银行自身业绩变化挂钩，没有更多的考虑其他因素对业绩的影响，这种评价方式还欠合理，值得进一步商榷。同时，实证结果显示，银行业中对广大分散的债权人的保护还存在一定的缺失。

本文研究重点集中在银行业，分析焦点也只是众多治理结构中的一个方面，但是从中我们可以看到一些更广的东西。作为拥有比较完备的外部监管体制的银行业，再配以理想的内部治理机制，包括众多的国外战略投资者，治理的效果应该比一般企业好，但事实上，实证研究结果得不到支持，这里的原因在哪里？另外，值得指出的是，什么样的治理结构是适当的，这个问题目前国际、国内都没有一个确切答案。安然、世通的垮台向我们展示了，就算作为号称治理结构最完善的美国，在道德风险面前仍然不堪一击。从这个角度看当前的银行业，引入所谓的战略投资者，对国内银行业是否真正有助，值得怀疑。从此延伸，单靠引进国外不成熟的治理机制，是否有助于国内企业发展，值得深思。在外资银行纷至沓来以及金融全球化的形势下，这些问题的存在值得引起相关部门和学者的重视，并做进一步的探究。

参考文献：

［1］Gibbons, R., and Murphy, K. Relative performance evaluation for chief executive officers ［J］. Industrial and Labor Relations Review, 1990, 43（3）, 30–51.

［2］Jensen, C., and Meckling, H. Theory of the Firm: Managerial Behavior, Agency Costs, and Ownership Structure ［J］. Journal of Financial Economics, 1976, 3（4）: 305–360.

［3］Jensen, M., Murphy, J. Performance Pay and Top – management Incentives ［J］. Journal of Political Economy, 1990（8）: 225–264.

［4］Joscow, Paul, Nancy Rose and Shepard Andrea. Regulatory Constraints on CEO Compensation. Brookings Papers: Microeconomics, 1993.

［5］John, K.Qian, Y. Incentive Feature in CEO Compensation in the Banking Industry ［J］. Economic Policy Review, 2003（9）: 109–121.

［6］John, K., Mehran, H., Qian, Y. Regulation Subordinated Debt and Incentive of CEO Compensation in the Banking Industry. Unpublished paper, FRBNY, 2003.

［7］Lazear, E., Rosen, S. Rank–Order Tournaments as Optimum Labor Contracts ［J］. Journal of Political Economy, 1981, 89（5）, 841–864.

［8］Prowes, D. Corporate governance in an international perspective: A survey of corporate control mechanisms large firms in the United States, UnitedKingdom, Japan and Germany.Financial Markets, Institutions and Instruments, 1995.

［9］Murphy, J., Corporate performance and Managerial Remuneration: An Empirical Analysis. Journal of Accounting and Economics, 1985（7）: 11–42.

［10］McGuire, John S. Chiu, and Alvar O. Elbing, Excutive Incomea, Sales, and Profits ［J］. American Economic Review, Spe, 1962（52）: 753–761.

［11］Taussings, W., Baker, S. American corporations and their executives: A statistical inquiry ［J］. Quarterly Journal of Economics, 1925（3）: 1–51.

［12］陈小悦，徐晓东.股权结构、企业绩效与投资者保护 ［J］.经济研究，2001（11）.

［13］潘敏.商业银行公司治理：一个基于银行业特征的理论分析 ［J］.金融研究，2006（3）.

［14］宋增基，陈全，张宗益.上市银行董事会治理与银行绩效 ［J］.金融论坛，2007（5）.

［15］宋增基，张宗益.上市公司经营者报酬与公司绩效实证研究［J］.重庆大学学报（自然科学版），2002（11）.

［16］魏刚.高级管理层激励与上市公司经营绩效［J］.经济研究，2000（3）.

［17］徐向艺，王俊韡，巩震.高管人员报酬激励与公司治理绩效研究［J］.中国工业经济，2007（2）.

［18］吴淑琨.股权结构与公司绩效的 U 型关系实证——1997~2000年上市公司的实证研究［J］.中国工业经济，2002（1）.

［19］张俊瑞，赵进文，张建.高级管理层激励与上市公司经营绩效相关性的实证分析［J］.会计研究，2003（9）.

［20］谌新民，刘善敏.上市公司经营者报酬结构性差异的实证研究［J］.经济研究，2003（8）.

❾ 境外战略投资者持股中国上市银行的效果分析*
——基于公司治理和经营绩效的实证研究

随着中国农业银行的上市，国有独资商业银行股份制改革取得了阶段性胜利。中国上市银行越来越多地通过引入战略投资者特别是境外战略投资者来完善公司治理机制，以提高银行绩效。本文以2001~2008年我国13家上市银行为样本，采用面板数据（Panel Data）计量方法从上市银行治理指数、安全性、盈利能力、成长性四个方面，对上市银行引进境外战略投资者前后的效果进行比较分析和定量研究。研究结果表明，引入境外战略投资者对中国上市银行的公司治理客观上存在积极的影响。上市银行绩效的改善，说明引入境外战略投资者的银行在一定程度上复制了境外战略投资者较为成熟的公司治理结构，先进的经营理念和风险控制技术，基本达到了引进境外战略投资者的最初目的。

*原文发表在《南开管理评论》2010年第6期，署名作者：张宗益，宋增基

一、引言

2010 年 7 月 15 日，中国农业银行股份公司登陆资本市场，以全球最大 IPO 的上市记录，使国有独资银行成为历史，也见证了国有独资商业银行股份制改革的阶段性收官。从农行到中行、工行、建行，中国银行的现代化和市场化蝶变在过去 30 多年加速演进。国有银行股份制改造后的本质变化之一就是现代公司治理机制初步建立。股改之前，各行基本是以行长为中心的集中管理体制，股改之后，各大型银行引进了境内外机构投资者并公开发行上市，实现了股权多元化和资本所有者对银行的有效监管，建立了董事会、监事会和高级管理层之间各司其职、有效制衡、协调运作的公司治理结构。董事会下设了多个专业委员会，董事会的咨询和决策作用得到进一步发挥，通过建立独立董事制度，引入多名中外专家担任独立董事，董事的专业性不断增强，对银行的约束力不断强化，上市银行已基本建立起以提升公司价值为核心，最大程度兼顾投资者、金融消费者和员工三者之间利益的现代商业银行经营理念。

中国国有银行股份制改革的终极目标是提升中国银行业与国际一流银行可比较的持续竞争优势，其中引进境外战略投资者是中国上市银行改善股权结构、提高管理水平与创新能力等不可或缺的重要途径。国内商业银行引入境外战略投资者大体经历了三个阶段：第一阶段是 2001 年以前，由于我国法规禁止外国金融机构入股中资商业银行，虽然亚行（ADB）入股光大银行和国际金融公司（IFC）入股上海银行，但双方基本没有业务和技术合作，外资入股的象征意义大于实质作用；第二阶段是 2001~2003 年，中国加入世界贸易组织以后，确定了银行业对外开放的时间表，放开了外资金融机构入股中资银行的限制，中资银行开始尝试引进境外战略投资者进行技术和业务合作；第三阶段是中国银监会成立后至今，其及时依法制定了《境外金融机构投资入股中资金融机构管理办法》，这是商业银行引进境外战略投资者最活跃的阶段。截至 2008 年 10 月末，共有 35 家境外机构投资入股 23 家中资银行，入股金额达 210 亿美元。2005 年，中国银监会提出了银行业引入境外战略投资者应当坚持的五个原则，使外资金融机构从早期财务投资者逐渐转变为战略投资者，从最初仅谋求在董事会发言的权力，发展到与中资银行在业务和技术层面进行多项合作，实现了从单纯引入国际金融资本向引"智"和引"技"的转变。中资银行与境外战略投资者的合作进入了一个新阶段。

如何提升中国上市银行（Listed Banks，LBs）的整体质量是银行业各方关注的焦点。许多学者认为将境外战略投资者（Foreign Strategic Investor，FSI）引入商业银行中能够使得商业银行的经营绩效上升，从而提升商业银行的整体质量。但对于 FSI 引入商业银行（尤其是 LBs）前后 LBs 的公司治理是否有明显差异？FSI 是否对 LBs 公司治理予以特别的关注？FSI 的引入与 LBs 价值之间的关系如何？相关的经验研究较少，本文将对上述系列问题进行经验研究，旨在用数据来回答这些问题，研究结果将为进一步促进中国 FSI 的规范发展、完善商业银行公司治理提供理论依据和经验支持。另外，本文的研究选取上市银行作为样本，首先在于上市银行与非上市银行的绩效会存在结构性差异，而绩效差异产生的信号传递效果也会影响战略投资者的进入决策，因而可能在回归中产生有偏的结果；其次，上市银行作为银行业的第一梯队，分析结果将更具代表意义，同时财务披露审计标准更为严格，相关数据的可得性较高。

二、文献综述

国外有关研究境外投资者效应的文献主要以实证分析为主。许多国外学者认为引进境外战略投资者对银行业改革可以起到特殊的作用。境外战略投资者入股商业银行的同时会带来先进的公司治理机制，这会有利于商业银行公司治理水平的提高。境外战略投资者持股比例的提高有利于增强对管理层的监督，降低代理成本，提高银行业绩。

Shleifer 和 Vishny（1986）认为，境外投资者所有权可以给股东提供动力以监督管理层并且采取行动提高公司价值。Megginson 等（1994）做了一项经典研究。研究对比了 41 个国家的 204 个样本公司在境外战略投资者进入前三年和后三年的财务绩效。研究发现：境外战略投资者进入后，公司的盈利能力、经营效率等指标得到了显著的改善。Khanna 和 Palepu（2004）研究发现，国外金融机构进入发展中国家有两个意义：第一，与公共金融机构相比，国外金融机构作为私人拥有和管理的实体对监督公司经营者有着更强的动机，他们要确保他们投资的回报；第二，这些机构比发展中国家当地的私有金融机构拥有更有效的监督管理者的能力。Wiwattanakantang（2001）、Unite 和 Sullivan（2003）的实证研究发现，外资所有权集中度高的公司会有更高的股票价格。另外，George 等（2005）研究发现，当外资所有权被允许进入时，公司绩效的改善更大，私有化在竞争性的银行业更为成功，同时会产生更具竞争力的银行业。同时有证据显示，不允许新的申请者进入不是解决银行问题的方法，竞争的限制对银行业的稳定和发展起到负面作用（Olivier 和 Davis，2000）。

Levine（2002）认为，战略投资者的进入可以提高东道国金融业的服务水平，进而提升金融发展的总体水平，最终促进东道国资本积累与合理配置，从而有利于东道国的经济增长。Lensink 和 Hermes（2004）从东道国初始金融发展程度与银行体系效率的提高这两个角度出发，认为如果东道国初始金融发展程度已经处于高水平，那么战略投资者的进入可以大幅度降低经营成本，提高银行体系的效率，而反之则不成立。Bonin 等（2005）发现，国际战略投资者的参与对银行盈利效率有正面影响，外资进入之后，银行业的经营业绩有显著提升。Hyun 和 Lee（2004）研究发现，总体来说国内银行引入外资的比例越高，利润会越低，说明这些银行更重视贷款质量而不是仅仅追求利润最大化。

国内关于境外战略投资者对我国银行业效率的影响以理论研究居多，但观点各不相同。正面观点认为，引进境外战略投资者不仅可以提高资本充足率，还可以带来先进的管理经验和技术手段，改善公司治理结构，提升我国银行业的国际竞争能力。其中，李巍、刘能华（2005）认为，战略引资是我国商业银行改革的必由之路，并指出中资银行引进境外战略投资者可以实现帕累托最优，从而使中外双方实现资源共享、取长补短，可以达到弱化政府对中资银行的行政干预、明确产权关系和提高金融资源配置效率的目的。

当然，也有学者持反面观点。占硕（2005）根据控制权租金存在会引发战略投资者对控制权的争夺，从而导致中资银行控制权转移，得出结论认为，通过引进外资战略投资者意图建立的分散模式的股权结构很不稳定。巴曙松等（2005）认为，建立一个完善的法人治理结构，需要有一个过程，需要金融机构管理制度的创新，绝对不是外资参股之后就能够形成的。

在实证研究方面，吴志峰（2006）选取与我国当前银行改革具有相似性的经济转型背景下的东欧国家银行业绩为研究对象，通过分析盈利指标、成本指标和经营指标后发现，在继续保持国家控股的情况下，引入境外战略投资者作为小股东并不能建立良好的银行治理结构，也不会有效改善经营业绩，但境外战略投资者控股后能够显著提高银行业绩。李石凯（2006）从更加宏观的角度分析了境外战略投资者对中、东欧 8 国银行业转型与发展的影响，认为由于境外战略投资者的示范作用，它们先进的金融管理、技术和产品能够在东道国得到广泛传播与运用，促使银行业的现状得到根本性改变。

综上所述，国内现有文献总体上是从定性的角度分析引入境外战略投资者可能产生的正面效应和负面效应，主流观点是支持国内商业银行引入境外战略投资者的。由于中国银行业引入境外战略投资者的时间较短，实证方面的研究相对较少，因此，本文拟从实际数据入手，实证检验我国上市银行在引入境外战略投资者前后，其治理状况与经营业绩是否有所改善，其"引进来"策略在实践中是否真正发挥了预想作用。

三、数据来源与研究设计

（一）研究样本及数据来源

截至 2008 年末，在沪、深两市上市发行股票的 LBs 共有 15 家，其中引入 FSI 的 LBs 有 13 家。通过各上市银行年报、相关报刊及公开资料获取相应的数据，因此本文拟以这 13 家 LBs 作为研究对象（见表 1）。考虑到中国大多数 LBs 引进 FSI 的年限较短、获得数据难度较大，本文拟采用截面数据和序列数据相结合的方法获取样本。因此本文的数据是以 2001~2008 年的 13 家 LBs 可获取的年度报告为基础建立的（见表 2）。我们从 2001 年开始剔除不完整和异常数据之后，样本共有 53 个，其中：10 个样本是引入之前的数据，占到总数的 19%，43 个样本是引入之后的数据，占到总数的 81%。在银行基本特征比较分析和回归分析中，银行资产负债表和损益表的数据主要来源于全球银行与金融机构数据库（Bank Scope Bvd Database）、年报数据来源于巨潮数据库、银行公司治理数据主要来源于色诺芬数据库；宏观层面数据来源于万德数据库（Wind），同时以历年的《中国统计年鉴》和《中国金融统计年鉴》作为补充数据来源。

表1　13家LBs引入名称及时间

银行名称	名称	引入时间（年）	持股数量（股）	持股比例（%）
深圳发展银行	美国新桥投资公司	2004	34810万	17.89
	通用电气金融财务有限公司	2005	1.53亿	7.3
宁波银行	OCBC Bank	2006	2.5亿	12.20
浦东发展银行	Citibank	2003	18075万	5
华夏银行	Deutsche Bank	2005	4.16亿	9.90
	萨尔奥彭海姆银行	2005	1.71亿	4.08
民生银行	国际金融公司（IFC）	2004	5604.3万	1.08
	新加坡淡马锡控股全资子公司亚洲金融AFH	2004	2.36亿	4.55
南京银行	国际金融公司（IFC）	2001	1.81亿	15
	法国巴黎银行	2005	2.32亿	19.4
兴业银行	香港恒生银行	2003	63909万	15.98
	新加坡政府直接投资公司GIC	2003	15996万	5.1
	国际金融公司（IFC）	2003	19995万	6.7
北京银行	荷兰国际集团ING	2005	10亿	19.90
	国际金融公司（IFC）	2005	25317万	4.9
中国交通银行	Hong Kong and Shanghai Banking Corp.	2004	77.75亿	19.90
中国工商银行	高盛集团	2006	164.76亿	7.0
	安联集团	2006	64.33亿	2.50
	美国运通	2006	12.76亿	0.50
中国建设银行	Bank America Corp.	2005	174.8亿	9.10
	新加坡淡马锡控股全资子公司亚洲金融AFH	2005	99亿	5.10
中国银行	苏格兰皇家银行集团RBS	2005	209.4亿	10.34
	新加坡淡马锡控股全资子公司亚洲金融AFH	2005	104.7亿	5.21
	瑞士银行UBS	2005	3.38亿	1.55
	亚洲开发银行	2005	5067万	0.24
中信银行	西班牙毕尔巴鄂茨卡亚对外银行BBVA	2006	15亿	5.32

注：①资料来源：根据各上市银行年报及公开资料整理计算得到；②表中所列时间均为正式签署协议的时间。

表 2　13 家 FSI 年报数量统计

银行名称	2001 年	2002 年	2003 年	2004 年	2005 年	2006 年	2007 年	2008 年	小计
深圳发展银行	√	√	√	√	√	√	√	√	8
宁波银行						√	√	√	3
浦东发展银行	√	√	√	√	√	√	√	√	8
华夏银行			√	√	√	√	√	√	6
民生银行	√	√	√	√	√	√	√	√	8
南京银行							√	√	2
兴业银行						√	√	√	3
北京银行							√	√	2
中国交通银行							√	√	2
中国工商银行						√	√	√	3
中国建设银行							√	√	2
中国银行					√	√	√	√	4
中信银行							√	√	2
合计	3	3	4	4	5	8	13	13	53

资料来源：根据各上市银行年报及公开资料整理计算得到。其中：√表示存在年报，涂抹颜色表格表示已引入。

（二）研究指标选择的理论分析及研究方法

从战略投资者的性质来看，其经营目的是通过对被投资企业进行相应的治理结构改善、风险控制提升和业务创新能力的提高从而达到股东利益最大化的目的。因此，引入 FSI 前后的 LBs 基本特征有很大差别。下文将从上市银行治理状况、安全性、盈利能力、成长性等基本特征进行比较分析，并结合中国的实际情况加以阐述。

1. 治理状况

近年来，越来越多的研究发现，治理状况对银行经营和银行价值会产生重要影响，完善的治理结构有利于提高银行未来价值，因此 FSI 对于其所投资的对象的公司治理必然重视。

第一，传统的产权理论认为，产权从公有变为私有的过程中会增加激励效果，从而提高企业效率。国家作为银行的股东，具有非人格化的主体特征，使得本应属于集中的股权结构优势的大股东监管虚位，而独立于股东或投资者外部人的经理人员掌握了企业实际控制权，在公司战略决策中充分体现自身利益，甚至内部各方面联手谋取各自的利益，从而架空所有者的控制和监督，使所有者的权益受到侵害，产生内部人控制问题。Bonin 和 Hasan（2000）研究指出，国有银行的绩效低于私有银行的绩效，许多发展中国家的银行通过引进战略投资者对国有银行进行改革，改变了落后的产权制度，提高了银行的竞争力。因此，引入 FSI 后 LBs 国有股权比例较引入前小。

第二，在"一股独大"的特殊股权结构中，所有作为外部公司治理机制的资本市场、经理人市场和控制权市场都无法发挥作用，因此大股东可以利用其控股地位从事掠夺和侵害中小股东利益的活动。这已成为我国公司治理中的主要问题。此外，在"一股独大"的股权结构中，大股东直接选拔高层经理，同时拥有公司重大经营决策权，公司经理层的经营行为直接贯彻大股东的意志，因此，大股东与经理层共同构成上市银行公司治理中的"内部人"。因此，引入 FSI 后 LBs 第一大股东持股比例较引入前小。

第三，股权集中度的提高有利于增强股东对银行经营管理的监督，保证银行以实现股东的利益为目标，实现公司价值最大化。股权集中度的提高也有利于战略投资者积极参与上市银行的经营管理，提出有益于银行发展的建议，帮助银行提升绩效水平和核心竞争力。Shleifer 与 Vishny（1986）指出，只有股权集中型公司的控股股东才有足够的激励去收集信息并有效监督管理层，相对于股权分散型公司具有较高的盈利能力和市场表现。因此，引入 FSI 后 LBs 前三位股东持股比例较引入前大。

第四，如果董事会规模过大，会限制董事会作用的发挥。这种不良影响，首先，表现为董事会规模太大会出现董事会成员间沟通与协调困难。其次，表现为董事会成员倾向于不再坦率地批评总经理的错误做法，或者对总经理的工作绩效进行直率的评价，原因在于在很多董事会成员面前批评总经理会招致其极大的怨恨和报复。最后，表现为董事会成员会产生"搭便车"的动机。这种情况在董事会成员们所持股较少、公司项目失败或经营亏损对董事们而言实际损失不大的情况下更为明显。因此，引入 FSI 后 LBs 董事会规模较引入前小。

第五，Morck（1988）利用《财富》500 强中 371 家公司数据，实证分析了经营者所有权与 Tobin Q 值的分段线性关系，他发现：随着经营者所有权的增加，Tobin Q 值随之增大。与非管理层董事相比，管理层董事深谙商业银行的经营之道，可以为董事会提供符合银行实际经营情况的信息，使董事会做出更有利于银行发展决策。因此，引入 FSI 后 LBs 管理层介入董事会的比例较引入前大。

第六，独立董事制度，一方面可制约内部大股东利用其控制地位做出不利于公司中小股东的行为；另一方面还可以独立地监督公司的经营管理层，减轻内部人控制带来的问题。美国投资者责任研究中心在研究中发现，董事会的独立性与股东回报率及公司的价值呈正相关，表明具有积极的独立董事的公司比那些具有被动的非独立董事的公司运行更好。因此，引入 FSI 后 LBs 独立董事比例较引入前大。

第七，股权激励的激励效应是通过在各方均认同的股权激励制度实施过程中，实现对企业管理层和员工进行激励和约束，同时企业本身也可以从这种股权安排中受益，从而达到实施股权激励的目的。股权激励制度可缓解目前面临的成长极限问题，调整企业内部结构，释放组织潜能，从而突破管理"瓶颈"，完成企业的再次创业发展。实施股权激励还有助于解决公司用人难、留人难的问题，以股权吸引和挽留经理人才，通过改进经营管理，提高公司的效益和发展能力，使市场价值提升，最终实现对经营者的激励并推动企业长期发展。因此，引入 FSI 后 LBs 存在股权激励。

第八，监事会的成员为了更敢说真话而不随意附和董事会和大股东，它应该有一定的独立性，监事会的外部监事的比例提高有利于监事会对董事会和经理层监督的客观性和公正性，进而影响管理层的决策。我国法律并没有硬性规定股份制银行聘请外部监事，而实际上，很多股份制银行的监事会成员来自于银行之外的单位，这在一定程度上能起到独立监督的作用。我们把在股份制银行中仅仅担任监事职务的监事称为外部监事。外部监事的独立性会有效地监督和规范董事、经理执行银行职务时的行为，从而提高银行的业绩。因此，引入 FSI 后 LBs 外部监事比例较引入前大。

2. 安全性

安全性是指避免经营风险，保证资金安全的要求。在经营中，银行自有资本所占的比重很小，而在资金的运用中可能会遇到各种各样的风险。一般来说，根据《巴塞尔协议》要求，资本充足率是体现银行安全性的基本指标。因此，引入 FSI 后的资本充足程度较引入前大。

不良贷款率是体现银行安全性的一个重要指标，银行较其他企业有所不同之一就是其高负债率，高负债率就导致了不良贷款增加，从而银行安全性出现问题。自引入以来，上市银行的资产质量不断提高，不良贷款率近两年来一直呈下降趋势。因此，引入 FSI 后的不良贷款率较引入的有所下降。

3. 盈利能力

盈利能力的提高是上市股份制商业银行获得股东支持的基础条件之一，也是银行扩大规模、业务创新的源泉，更是其增强实力、巩固信用、提高竞争能力的基础。反映公司盈利能力的基本指标包括净利润增长率、净资产收益率和非利息收入占比。由于引入 FSI 后的公司治理得到改善，从而使得盈利能力得到提高。因此，引入 FSI 后的净利润增长率、净资产收益率和非利息收入占比均较引入前大。

4. 成长性

主营业务收入增长率、资本积累率和每股净资产是反映的股本扩张能力（成长性）的三项重要指标，其数额越大就说明成长性越好。由于引入后的公司治理得到改善，使得其盈利能力提高，从而大大提升其成长性。因此，引入后的主营业务收入增长率、资本积累率、每股净资产均较引入前大。

综上，得到预期比较指标如表 3 所示。

表3 预期比较指标

类别	指标	预期影响	定义
治理状况	国有股持股比例	–	国家股股数/总股份
	第一大股东持股比例	–	第一大股东所持股份/总股份
	前三位股东持股比例	+	前三位股东所持股份/总股份
	董事会规模		董事会总人数
	管理层介入董事会比例	+	管理层中担任董事的人数/董事会人数
	独立董事比例	+	独立董事人数/董事会总人数
	管理层股权激励	+	有为1，无为0
	外部监事比例	+	外部监事人数/监事会人数
安全性	资本充足率（CAR）	+	核心资本/总资本
	不良贷款率（NPLR）	–	不良贷款总额/存款总额
盈利能力	净资产收益率（ROE）	+	净利润/净资产平均值
	非利息收入占比（NIIA）	+	非利息收入/总收入
	净利润增长率（NPGR）	+	本期净利润/上期净利润–1
成长性	主营业务收入增长率（MBGR）	+	本期主营业务收入/上期主营业务收入–1
	资本积累率（RCA）	+	本期股东权益/上期股东权益–1
	每股净资产（NAS）	+	股东权益总额/普通股股数

注：指标选择参考了李维安、张维萍（2005）及中央财经大学中国银行业研究中心课题组（2007）等相关研究。"–"表示好的指标值应是较低的值；"+"表示好的指标值应是较高的值。

另外，国外研究文献表明，境外战略投资者的进入将对上市银行公司治理产生一定的影响，并导致公司管理层行为的改变，从而使公司绩效和市场价值发生相应的变化。前文的理论分析和假设给出境外战略投资者的介入前后对改进上市银行公司治理和经营绩效的预期对比分析，但境外战略投资者对上市银行公司治理和经营绩效是如何改善的，需要进行回归分析。因此，需对以下模型进行检验。

在研究引入 FSI 对银行的公司治理的影响时，模型（1）~模型（2）的因变量是根据南开大学公司治理研究中心，在坚持国际标准并结合中国实际的指导思想下，构建并推出的"中国公司治理评价指标体系"，以及色诺芬数据库数据编制的上市银行公司治理指数 LBsCG$_{index}$。进行 Hausman 检验结果表明，Panel Data 模型是个体固定效应模型，而不是时间固定效应模型或个体时间固定效应模型，限于篇幅，这部分检验结果省略。

$$LBsCG_{index} = \alpha_0 + \alpha_1 FSIshare + \alpha_2 Macro + \alpha_3 FM + fixed + effects + \mu_i$$

$$(1)$$

$$LBsCG_{index} = \beta_0 + \beta_1 FSIshare + \beta_2 Macro + \beta_3 FM + \mu_i \qquad (2)$$

FSI 有可能通过"用手投票"或"用脚投票"的方式对 LBs 的业绩产生影响，所以我们以第 t 年 FSI 持股比例作为自变量，以第 t-1 年的银行业绩作为因变量，建立回归模型（3），如果 λ_1 显著的话则表明，存在"用手投票"效应，即 FSI 会选择业绩好的 LBs 进行战略投资。"用手投票"和"用脚投票"这两种效应可能同时存在，即 FSI 持股比例与 LBs 业绩存在内生性问题，为此，以引入后第 t+1 年的 LBs 业绩指数作为自变量，以第 t 年 FSI 持股比例作为因变量建立回归模型（4）进行分析，同样如果模型（4）中 η_1 显著，则表明不存在"用脚投票"效应，即 FSI 持股比例对 LBs 的业绩改善起到积极的作用。对回归模型进行 Hausman 检验，P 值显示接受原假设，即选用随机效应模型。因此，建立联立方程组：

$$FISshare_t = \lambda_0 + \lambda_1 Perf_{t-1} + \lambda_2 Macro_{t-1} + \lambda_3 FM_{t-1} + \mu_i \qquad (3)$$

$$Perf_{t+1} = \eta_0 + \eta_1 FISshare_t + \eta_2 Macro_t + \eta_3 FM_t + \mu_i \qquad (4)$$

模型（1）~模型（4）中宏观经济变量（Macro）包括通货膨胀率（Infla）、人均真实 GDP（GDPper）、汇率水平（Eer），金融市场变量（FM）包括商业银行向私人部门贷款占 GDP 的比率（Lending）、市场资本总额占 GDP 的比率（MarCap）、股票收益率（StockRe）。μ_i 均是误差项。模型（3）和模型（4）中 Perf 分别代表表 3 中定义的 CAR、NPLR、ROE、NIIA、NPGR、MBGR、RCA、NAS。

四、实证分析结果

（一）FSI 持股 LBs 前后公司特征指标比较分析结果

用 SPSS 软件对所用样本数据进行正态性检验，Kolmogorov-Smirnov 检验结果表明，z 值等于 0.534，p 值等于 0.951>0.5，同时，偏度系数 Skewness=−0.36，峰度系数 Kurtosis=−0.489，两个系数均小于 1，因此可认为数据呈近似正态分布。表 4 是 LBs 引入 FSI 前后的公司特征指标进行统计分析的结果。

表 4　LBs 引入 FSI 前后公司特征比较

变量		引入后数据		引入前数据		均值差	T 检验	Z 检验
		均值 (1)	中位数 (2)	均值 (3)	中位数 (4)	(1)～ (3)	(1) 与 (3)	(2) 与 (4)
治理状况	国有股持股比例	0.682	0.587	0.791	0.613	−0.109	−3.820***	−4.125***
	第一大股东持股比例	0.413	0.426	0.478	0.461	−0.065	−4.236***	−3.985***
	前三位股东持股比例	0.561	0.552	0.551	0.549	0.010	5.256***	3.727***
	董事会规模	16.482	16.435	15.927	15.567	0.555	2.147**	4.432***
	管理层介入董事会比例	0.391	0.324	0.378	0.386	0.013	1.787*	4.783***
	独立董事比例	0.323	0.317	0.297	0.268	0.026	5.464***	9.613***
	管理层股权激励	0.003	0.002	0.001	0.001	0.002	6.567***	7.986***
	外部监事比例	0.329	0.316	0.311	0.322	0.018	4.453***	9.265***
安全性	资本充足率	0.298	0.286	0.269	0.251	0.029	4.122***	8.543***
	不良贷款率	0.051	0.052	0.062	0.078	0.039	9.261***	4.729***
盈利能力	净资产收益率	0.341	0.331	0.287	0.236	0.054	7.356***	7.902***
	非利息收入占比	0.178	0.175	0.169	0.166	0.009	6.868***	5.915***
	净利润增长率	0.328	0.316	0.287	0.291	0.041	1.934**	4.923***

续表

变量		引入后数据		引入前数据		均值差	T检验	Z检验
		均值 (1)	中位数 (2)	均值 (3)	中位数 (4)	(1) ~ (3)	(1) 与 (3)	(2) 与 (4)
成长性	主营业务收入增长率	0.297	0.301	0.268	0.271	0.029	5.548***	8.184***
	资本积累率	0.006	0.008	0.005	0.007	0.001	3.456**	4.287***
	每股净资产	0.041	0.047	0.039	0.040	0.004	1.876*	3.166***

注：* 表示在 0.1 的水平上显著；** 表示在 0.05 的水平上显著；*** 表示在 0.01 的水平上显著。

根据表 4 中 T 检验和非参数 Z 检验的结果，我们发现，除了董事会规模、不良贷款率与预期相反以外，其他治理指标均与理论预期相一致，这表明我国引入 FSI 后银行的公司治理结构得到了很大的改善，从而也使得相关的安全性、盈利能力得到提升（宋增基等，2009）。

（二）模型（1）~模型（2）的回归结果

从上面的单一指标比较分析我们可以看出，引入 FSI 后银行的公司治理结构得到了很大的改善，从而也使得银行的公司治理结构进一步完善，相应的安全性、盈利能力得到提升。但改善的机制是什么？这都有待于我们用回归分析去检验。模型（1）~模型（2）的面板数据回归结果，如表 5 所示。

表 5　FSI 持股比例对上市银行公司治理指数的影响

变量	系数		标准误差		t 值		P>|t|		95% Conf. Interval			
									Low		Up	
	模型 (1)	模型 (2)	模型 (1)	模型 (2)	模型 (1)	模型 (2)	模型 (1)	模型 (2)	模型 (1)	模型 (2)	模型 (1)	模型 (2)
Constant	33.032	36.601	10.477	4.037	1.15	9.07	0.002	0.000	12.473	28.679	53.592	44.523
FISshare	1.303	1.066	2.019	3.012	1.52	5.24	0.129	0.000	-0.508	0.641	2.169	3.091
Infla	0.235	-0.369	0.271	0.052	1.38	2.59	0.046	0.024	-6.548	-.3.762	-0.531	2.298
GDPper	-0.046	0.652	0.045	0.082	0.63	1.62	0.004	0.023	-1.358	2.745	3.662	4.740
Lending	1.356	2.684	2.753	3.866	1.95	2.37	0.057	0.008	1.537	0.756	6.892	7.884
MarCap	0.433	0.579	0.426	0.525	1.27	2.15	0.004	0.000	-7.908	0.527	0.125	3.587
StockRe	1.359	2.125	0.853	1.396	2.53	2.75	0.007	0.024	0.301	0.527	2.327	3.587

模型 1：sigma_u = 4.3091　sigma_e = 3.4264　Adjusted R^2 = 0.1178　prob>F = 0.0000
模型 2：Adjusted R^2 = 0.2146　prob>F = 0.0000

注：①模型中控制变量在 0.1 置信水平下不显著的均从表格中剔出；②表中模型 1 是不考虑机构投资者滞后效应的 Panel Data 结果。模型 2 考虑机构投资者滞后效应的 OLS 结果。

表 5 结果显示，在模型（1）中，当期境外战略投资者持股比例与公司治理指数之间存在正相关关系，但系数并不显著。在模型（2）中，前一期境外战略投资者持股比例与当期公司治理指数之间存在显著的正相关关系。换句话说，FSI 的介入，使得上市银行治理水平得到提高。

至于怎样提高上市银行治理水平，主要原因有：①上市银行特别是国有商业银行通过引入境外战略投资者，股权结构由高度集中，"一股独大"向有一定集中度、存在相对控股股东的模式转变，有效提高国有商业银行的公司治理效率。②境外战略投资者由于持有一定数量的股权，必然要求进入银行董事会参加公司治理，有助于促进国有商业银行内部治理机制的完善。③上市银行引入的境外战略投资者必须具备条件之一是有丰富的金融业管理背景，有成熟的金融业管理经验、技术。所以引进 FSI 是一种有效的外部监督，减少滋生"内部人控制"。

（三）模型（3）~模型（4）的回归结果

为了更全面地研究 FSI 持股比例对 LBs 的影响，我们进一步分析 FSI 进入后对 LBs 在安全性、盈利能力、成长性方面的影响，回归结果如表 6 所示。

表 6　FSI 持股 LBs 对上市银行安全性、盈利能力、成长性方面的影响

变量	安全性				盈利能力			
	FISshare$_t$	CAR$_{t+1}$	FISshare$_t$	NPLR$_{t+1}$	FISshare$_t$	ROE$_{t+1}$	FISshare$_t$	NIIA$_{t+1}$
Constant	45.168* (1.771)	−85.962* (−1.535)	25.730*** (6.582)	−27.615** (−7.870)	4.516** (7.003)	−4.703*** (−8.094)	1.602*** (3.830)	−1.652*** (−9.956)
FISshare		1.628** (3.037)		0.276*** (5.928)		0.632*** (4.246)		0.514*** (6.331)
CAR	0.099** (1.953)							
NPLR			0.238*** (8.127)					
ROE					0.222*** (8.142)			

变量	安全性				盈利能力			
	$FISshare_t$	CAR_{t+1}	$FISshare_t$	$NPLR_{t+1}$	$FISshare_t$	ROE_{t+1}	$FISshare_t$	$NIIA_{t+1}$
NIIA							0.342*** (3.936)	
Infla	0.099 (1.055)	−0.392 (1.408)	0.075* (1.581)	−0.065* (−1.835)	−1.205*** (2.763)	−0.274 (−0.767)	−0.437*** (−4.429)	1.903 (1.072)
GDPper	0.219 (1.194)	−0.061 (−1.216)	0.171 (0.095)	−1.407 (−1.405)	−1.205*** (−2.763)	0.438** (2.006)	−0.086 (−0.663)	0.068* (1.774)
Eer	−1.785 (−1.156)	2.568 (0.773)	0.325* (1.882)	1.864 (1.196)	0.158 (0.164)	−0.497*** (−2.783)	1.223* (1.649)	0.886 (0.868)
Lending	0.287 (0.299)	0.645** (2.344)	1.289* (1.991)	0.074 (0.490)	0.004 (0.822)	−0.251 (−0.272)	1.205 (1.495)	0.069 (0.818)
MarCap	0.009 (0.156)	−0.279** (−2.207)	0.318*** (7.558)	−0.061*** (−9.209)	−0.795** (−1.974)	−0.021*** (−3.049)	0.286*** (6.682)	0.037 (0.169)
StockRe	0.337*** (3.871)	0.535 (0.778)	0.134*** (3.599)	1.563*** (4.452)	−0.152** (−2.026)	0.570*** (9.277)	−0.175** (−1.915)	0.091*** (8.010)
$AdjustedR^2$	0.369	0.191	0.196	0.417	0.537	0.209	0.315	0.211
P 值	0.96	0.72	0.21	0.36	0.33	0.58	0.79	0.81

变量	盈利能力				成长性			
	$FISshare_t$	$NPGR_{t+1}$	$FISshare_t$	$MBGR_{t+1}$	$FISshare_t$	RCA_{t+1}	$FISshare_t$	NAS_{t+1}
Constant	2.290** (2.608)	−2.156*** (−5.914)	1.523*** (5.575)	−1.173** (−2.949)	67.118*** (8.012)	98.503** (5.104)	3.346*** (6.733)	3.372*** (18.641)
FISshare		0.015** (2.012)		0.713*** (4.110)		1.224*** (4.895)		0.653*** (6.674)
NPGR	0.237*** (7.643)							
MBGR			1.618*** (6.885)					
RCA					0.152** (2.527)			
NAS							0.069*** (3.386)	
Infla	−0.037 (−0.020)	1.348 (0.938)	−0.011 (−0.491)	1.928 (0.316)	0.025 (0.496)	−3.702* (−1.583)	0.070 (0.163)	−0.067** (−2.058)
GDPper	0.429 (0.810)	0.567 (1.189)	0.128 (0.556)	−0.164* (−1.657)	0.003 (0.285)	0.259*** (2.670)	0.054 (0.638)	−0.096* (−1.628)
Eer	0.208 (0.010)	−0.047 (−1.149)	−0.076 (−0.896)	−1.048 (−0.339)	−0.038 (−0.061)	−1.581 (−0.672)	−0.002 (−0.227)	2.497** (2.114)

变量	盈利能力				成长性			
	$FISshare_t$	$NPGR_{t+1}$	$FISshare_t$	$MBGR_{t+1}$	$FISshare_t$	RCA_{t+1}	$FISshare_t$	NAS_{t+1}
Lending	2.888*** (2.803)	−0.713 (−1.284)	−0.902*** (−12.078)	0.062 (0.099)	−0.001 (−0.842)	−0.438 (−0.180)	0.237*** (7.642)	−2.246 (−0.913)
MarCap	0.986*** (7.040)	−0.008*** (−7.221)	2.415*** (5.007)	1.035 (0.125)	0.029 (0.231)	0.073** (2.013)	−0.152* (−1.759)	−0.317 (−0.122)
StockRe	1.397 (0.101)	0.165*** (3.525)	−8.662*** (−4.139)	0.086** (2.241)	−0.001*** (−3.101)	1.605** (2.722)	0.049 (1.225)	0.208* (1.827)
AdjustedR²	0.046	0.140	0.328	0.377	0.429	0.158	0.192	0.436
P 值	0.63	0.68	0.37	0.28	0.66	0.14	0.49	0.53

注：①括号中位 t 值，显著性水平：* 表示 $p<0.1$；** 表示 $p<0.05$；*** 表示 $p<0.01$；②表中涂抹颜色的列是对模型 3 的回归；未抹颜色的列是模型 4 的回归结果。

从表 6 总的来分析，LBs 前期的业绩与 FSI 持股比例存在显著正相关，即存在"用手投票"。也就是说 FSI 对风险是很敏感，他们在选择投资对象时，通常对 LBs 前期的业绩进行细致的比较，再做战略投资决策。另外，FSI 持股比例对 LBs 后期业绩的影响是显著为正，即存在"用脚投票"，这与我们的预期一致。通货膨胀率、人民币汇率以及GDP 水平等宏观变量对于银行的业绩变量也不显著。这与郭研（2002）的回归结果是一致的，说明我国银行业市场化发展程度并不高，政府的频繁干预使得银行业效率与实体经济的周期性关联程度较低。

回归结果显示：第一，FSI 持股比例对 LBs 的安全性指标的影响显著为正。即 FSI 持股比例与资本充足率、不良贷款率存在正的相关性。以新《巴塞尔协议》所规定的 8% 的额定资本充足率为基准，若外资持股比例上升 10%，可以使上市银行现有资本充足率上升约 7.4%。事实上，为尽快达到银监会关于银行 8% 资本充足率的要求，充实资本金、补足坏账准备金一直是国内商业银行引入战略投资者的首要目标。国内银行的主营业务在短时间内无法改善的情况下，引入能在快速充实资本金的同时还可以形成多元化的现代股权模式。另外，FSI 持股比例的增加可以显著地降低银行的不良贷款率。这是由于拥有有科学的风险管理架构和流程及技术分析优势，使得在进入上市银行后，相比于提高短期利润率，其更注重风险的管理，以期改善资产质量，获得长期稳定的利润。

第二，从表6第6~11列可以看出，FSI持股比例对反映LBs盈利能力的三大指标净资产收益率、非利息收入占比和净利润增长率的影响都是显著为正。这与王咏梅（2009）、孙亦军、兰向明（2008）的研究结论是相似的。从表1中13家LBs引入名称及时间来看，FSI都是国际著名银行、财务公司等金融机构，他们经过长期的发展拥有中间业务品种多达20000多种，并从早期以结算、汇兑、账户服务、信托、交易服务等低附加值业务为主，逐渐向投资银行、资产证券化、风险投资等高附加值业务的方向转变。这些拥有技术和管理上优势的FSI入股我国LBs后，LBs将利用自身的网点优势结合FSI各方面的经验，拓宽中间业务（一些银行甚至获得短期融资券的直接承销权）和提高零售金融业务技术含量（利用"金控"公司推出各类组合型个人理财项目），从而增加了非利息收入的来源。拥有外资股权的上市银行更愿意雇用高质量的员工，投资于人力资本或者先进的风险管理技术，一方面结果造成较高的间接费用，另一方面也大大增加资产收益和利润。但总的来看，入股上市银行显著提高了LBs的盈利能力。

第三，表6第12~17列显示，FSI持股比例只与LBs成长性中三大指标之一每股净资产显著正相关，对其他两个指标主营业务收入增长率、资本积累率的影响都是显著为负。FSI的进入提高了每股净资产，这很容易理解，并与张礼卿（2007）结论一致。从前文所述可知，FSI利用其中间业务方面的优势，迅速提高了LBs非主营业务收入。相比较而言，LBs以往的主要收入来源是主营业务收入，FSI的进入对其总量影响很小，其可能会降低主营业务收入增长率，但从国际银行的经验和未来的趋势看，这是中国上市银行必须经历的一个过程。证监会发〔2004〕118号文件《关于加强社会公众股股东权益保护的若干规定》后，我国上市公司分红意识和力度都有很大的提高，但由于股权结构不合理和信息披露不及时，与成熟资本市场相比存在分红偏低特别是现金分红普遍偏低的问题，长期在分红的环境下成长，且分红周期短 FSI。通常，FSI 认为分红政策往往是判断 LBs 是否具有投资价值的重要依据，这不仅代表 LBs 现在的盈利能力，也代表 LBs 未来的发展前景。所以 FSI 会要求 LBs 加大分红力度，可能造成资本积累率的降低。

五、结论及建议

本文在对相关文献进行综述的基础上，结合银行业的行业特征，比较分析和实证研究了 FSI 参与中国 LBs 治理前后对 LBs 基本特征的影响。研究发现：我国 LBs 引入 FSI 后在其银行基本特征方面较引入前有显著差异，引入 FSI 后在公司治理、安全性、盈利能力等特征方面基本符合理论预期，成长性有些偏差，我们认为这是 LBs 引入 FSI 必然经历的一个过程。研究结果表明，近年来随着金融业的逐步开放，引入 FSI 对我国 LBs 的公司治理客观上存在积极的影响。上市银行业绩的改善，说明引入境外战略投资者的银行在一定程度上复制了境外战略投资者成熟的公司治理结构，先进的经营理念和风险控制技术，达到了引进 FSI 的最初目的。

但同时，我们也应看到，外资的注入只是完成了资本的结合，由于双方在文化背景、思想观念以及行为方式等方面存在较大差异，这决定了双方从资本结合到理念融合再到战略发展合力的形成是一段渐进的过程，甚至是一段艰苦的过程。为此，双方应加强沟通协调，努力缩短双方的磨合期，尽快实现从资本的结合到文化的融合再到战略发展合力的形成。因此，我们认为中国 LBs 应当在以下几方面做出积极的努力：

第一，加强自身素质建设，明确银行的经营目标，提高银行的盈利能力，增强战略投资者的投资信心。LBs 引入境外战略投资者的目标是通过投资主体多元化，建立规范的现代公司治理机制，提升银行的市场竞争力，建立以营利为目的的现代化商业银行。我国 LBs 只有增强自身素质，改善银行的经营管理，严格执行信息披露制度，才能吸引国际著名银行和投资机构的注意力，吸引优秀的战略投资者的加盟。而战略投资者的进入，又会推动上市银行以更快的速度发展，由此形成良性循环。最终，LBs 的竞争力在此循环中得到增强。

第二，根据引资目的严格筛选最佳 FSI。其一，除了具有雄厚的资金实力和先进的管理经验，所选的 FSI 还应该具备 LBs 不具有的竞争优势，通过战略合作实现"优势互补"，并愿意进行技术的合作和转让以及管理经验的传授。这样的战略投资者进入 LBs 后，才能有效地带动 LBs 全方位发展。其二，为了防止 FSI 投机现象的出现，除了签订战略投资协议外，还要对 FSI 的资格进行严格的规定，减少一些规模小、投机性强的外国资本入股 LBs 的可能性，更多地引进享有良好国际盛誉的知名金融机构。

第三，明确引进 FSI 的目的。引进战略者的真正目的不仅在于提高资本充足率，更在于完善银行公司治理结构，增强银行的竞争力。因此，在引进战略投资者之后，LBs 上至高级管理者下至普通员工都要积极参与到与战略投资者的合作中，创造良好的合作氛围，以改善银行公司治理、提高银行竞争力为目标，接受战略投资者提出的合理建议，并配合其予以执行。

第四，加强与战略投资者融合。中外资银行真正建立战略合作关系，需要经历一个从资本结合到文化融合的过程。要建立定期高管沟通制度，营造融洽的合作氛围，减少由于文化差异导致的摩擦，确保双方合作的顺利进行。另外，员工外派定期学习制度也是加快双方员工之间融合的重要方式。要主动查找和抛弃一切与国际规则不相符的意识和做法，真正按现代商业银行要求开展业务；要增强依法合规经营意识、公平竞争意识、国际规则意识及透明度意识；要全面融入到国际规范的银行业队伍中，与战略投资者建立一种平等合作、相互信任、共谋长远发展的战略合作伙伴关系。

目前，工商银行、建设银行、中国银行都已经稳居全球市值大银行前十名。这些银行要真正从最大转变成最强的银行，仍有很多工作要做。中国银行业要想有效防范金融风险、培育国际化的巨型金融控股集团，就必须促使上市银行完善公司治理结构，转变成真正的现代商业银行。当然，引进境外战略投资者只是万里长征的第一步，关键是要做好引进后的吸收、整合、创新等工作。

参考文献：

［1］Shleifer, A., R. Vishny. Large shareholders and corporate control ［J］. Journal of Political Economy, 1986 (94): 461–488.

［2］Megginson et al. The choice of private versus public capital markets: evidence from privatizations ［J］. Journal of Finance, 2004 (59): 2835–2870.

［3］Khanna, T., K. Palepu. Foreign bank presence, domestic bank performance and financial development ［J］. Journal of Emerging Market Finance, 2004 (3): 207–229.

［4］Yupana Wiwattanakantang. Controlling shareholders and corporate value: Evidence from Thailand ［J］. Pacific–Basin Finance Journal, 2001 (9): 323–362.

［5］Unite A. A., Sullivan M. J. The effect of foreign entry and ownership structure on the Philippine domestic banking market ［J］. Journal of Banking & Finance, 2003 (27): 2323–2345.

［6］Geroge R.G. Clarke, Robert Cull, Mary M. Shirley. Bank privatization in developing countries: A summary of lessons and findings ［J］. Journal of Banking and Finance, 2005 (29): 1905–1930.

［7］Olivier, D. Bandt, Davis, E. Philip. Competition, contestability and market structure in European banking sectors on the eve of EMU ［J］. Journal of Banking and Finance, 2000 (6): 1045–1066.

［8］Levine, R., Bank–Based or Market–based financial systems: Which is better? NBER Working Papers 9138, National Bureau of Economic Research, Inc, 2002.

［9］Robert Lensink, Niels Hermes, The short–term effects of foreign bank entry on domestic bank behaviour：Does economic development matter [J]. Journal of Banking & Finance，2004，28（3）：553-568.

[10] Bonin, J., Hasan I., Wachtel P. Bank performance, efficiency and ownership in transition countries [J]. Journal of Banking and Finance, 2005 (1)：31-53.

[11] Hyun E. Kim, Byung-Yoon Lee. Determinants of foreign bank entry and the effect of foreign bank entry on the performance of domestic banks (in Korean) [J]. Economic Analysis, 2004（8）：219-245.

[12] Bonin J. P., Hasan I., Wachtel P. Privatization matters：Bank efficiency in transition countries [J]. Journal of Banking & Finance，2005 (29)：2155- 2178.

[13] Morck, Management ownership and market valuation：An empirical analysis [J]. Journal of Financial Economics，1988，20 (2)：293-315.

[14] 李巍，刘能华. 我国商业银行战略引资及其帕累托改进 [J]. 新金融，2005 (2).

[15] 占硕. 我国银行业引进战略投资者风险研究——控制权租金引发的股权转移和效率损失 [J]. 财经研究，2005 (1).

[16] 巴曙松，吕国亮. 股份制改革后国有银行的治理结构缺陷及其国际比较 [J]. 管理学报，2005 (1).

[17] 吴志峰. 绩效、控股权与战略投资者：转型经济银行改革的经验 [J]. 金融论坛，2006 (5).

[18] 李石凯. 境外战略投资者对中东欧 8 国银行业转型与发展的影响 [J]. 国际金融研究，2006 (9).

[19] 李维安，张国萍. 经理层治理评价指数与相关绩效的实证研究 [J]. 经济研究，2005 (11).

[20] 宋增基，徐叶琴，陈科. 引入境外战略投资者前后商业银行公司治理特征比较研究 [J]. 管理评论，2009 (4).

[21] 郭妍，张立光. 外资银行进入对我国银行业影响效应的实证研究 [J]. 经济科学，2002 (2).

[22] 王咏梅. 境外战略投资者的价值研究 [J]. 中国软科学，2009 (3).

[23] 孙亦军，兰向明. 中国银行业引进境外战略投资者的绩效分析 [J]. 中南财经政法大学学报，2008 (5).

[24] 张礼卿. 新兴市场经济体的银行业开放及其影响 [J]. 国际金融研究，2007 (3).

经营者激励与公司治理

⑩ 中国上市银行董事会独立性与经营绩效 *

针对现有关于银行业治理问题经验性研究的缺乏，本文基于银行业特点，通过采集 2002~2004 年的 6 家国内上市银行的数据，建立一组包括单方程和联立方程在内的模型，实证分析了董事会独立性与银行经营绩效间关系。研究结果显示，董事会独立性对银行绩效有一定促进作用，但效果不明显。相比较治理结构，银行规模、网点数量和资本结构等对银行业绩影响更大。另外，研究发现股权结构的制衡能力与上市银行实际控制人的性质对银行董事会的独立性有显著的影响。

一、引言

2006 年 12 月 11 日，随着包括汇丰、花旗、渣打等在内的 8 家外资银行向银监会提交转制申请，标志着我国银行业的全面开放，也拉开了中外银行激烈竞争的序幕。这场竞争，实质上是现代银行制度的

* 原文发表在《重庆大学学报》（社会科学版）2012 年第 12 期，署名作者：王戈阳，宋增基，刘春才

竞争，而现代银行制度的核心就是现代银行公司治理机制。1999 年 9 月，巴塞尔委员会发布的《加强银行机构的公司治理》，已被越来越多的人意识到，治理结构的优化是提高我国商业银行竞争力的必由之路。

公司治理是近几年我国理论界关注的热点问题，特别是对上市公司治理问题的研究，倾注了大多数学者的心血。但是关于我国上市银行的问题，就显得关注不够，特别是在实证上还很少有学者进行过此方面的探索。银行业与一般企业有着显著的不同特征，比如高负债性、资产交易的不透明性以及严格管制等，这就使得对一般上市公司的治理研究结论不能简单地套用在银行业上。更值得注意的是，绝大多数对上市公司治理问题的研究是在剔除了金融企业样本之后的研究。因此，在银行业全面放开的今天，针对上市商业银行的治理研究就显得非常必要。

本文主要集中在对上市商业银行的董事会独立性与经营绩效之间关系的研究。我们通过建立一系列模型，首先找出影响上市商业银行董事会独立性的主要因素，然后运用最小二乘法（OLS）将董事会独立性对企业绩效进行回归，以此来分析两者之间的关系。并且，进一步在考虑因素的内生性影响下，我们建立了包含这两者的联立方程模型，运用三阶段最小二乘法（3SLS）深入地探讨我国上市商业银行董事会独立性对经营绩效的影响。

研究显示，由于银行业的特殊性质，影响银行董事会独立性的主要因素是股权结构的制衡能力和上市银行的实际控制人的性质。银行股权结构制衡能力越强，董事会越独立，并且引进境外战略投资者和民营资本越有助于治理结构的改善。在关于董事会独立性与银行绩效间关系方面，研究发现尽管董事会独立性对业绩的提升有一定帮助，但是相比较银行网点数量等因素，这种促进作用并不明显。

本文余下部分内容安排：第二部分是综合以往关于董事会独立性与经营绩效间关系的研究，分析银行业的治理特点；第三部分是建立研究模型，并对模型进行实证分析；最后是研究结论和启示。

二、董事会独立性与经营绩效

代理理论认为，在公司管理层与股东之间存在代理成本，这会影响公司绩效。解决这个问题的一种方法就是加强公司董事会的作用，通过董事会功能来降低代理成本。Fama（1980）认为，董事会在监督管理层方面能发挥重要作用。Fama 和 Jensen（1983）进一步指出，在董事会中引进一部分独立董事，能够加强董事会的监督职能。他们认为，独立董事一旦被授权选拔、监督、奖惩公司的管理层，就能够以此来减轻管理层和股东之间的利益冲突，使得两者利益趋向一致。在声誉机制的约束下，和公司没有关联的独立董事因其更高的客观性而更能有效地行使董事会的监督职能，从而降低公司所面临的代理成本。除了在监督管理层方面起到很好的作用外，独立董事由于有专业背景和广大资源关系网，还能够帮助董事会提高决策的质量，有效地促进公司业绩提升（Daily 和 Dalton，1993）。Agrawal 和 Knoeber（1996）也有类似的结论。

在关于独立董事与公司绩效间关系的经验性验证方面，西方早期的研究认为，独立董事有助于公司业绩的提升，但后期的研究结论出现了明显的分歧。一部分认为，独立董事与企业绩效没有相关关系，如 Bhagat 和 Black（1997）、Mak 和 Li（2001）。其中，Bhagat 和 Black（1997）采用截面数据证实独立董事比例与公司绩效没有显著的相关关系，而内部董事比例与公司未来业绩存在一定的正相关。Mak 和 Li（2001）也发现，新加坡上市公司的董事会构成与绩效无关，而另一部分学者则支持独立董事对公司绩效有正的相关性。Rosenstein 和 Wyatt（1990）采用事件研究方法，指出当对外宣布任命独立董事的时候，公司市场价值得到了提升。另外值得一提的是 Agrawal 和 Knoeber

（1996）的研究。他们在研究中发现，运用不同的计量模型来检验独立董事比例和公司绩效关系时，得到的结果有所不同。当采用单方程回归独立董事比例和公司业绩时，结果显示两者存在负相关；而当运用联立方程模型时，这种相关性就消失了。

我国学者在这方面也做了有益的探索。如胡勤勤、沈艺峰（2002）对沪、深两地41家企业建立了回归模型，研究分析表明，国内上市公司的经营业绩与独立董事间存在不显著的相关关系。他们认为，上市公司的经营业绩在很大程度上不受独立董事的影响。高明华、马守莉（2002）的研究也不支持独立董事比例与公司绩效存在显著正相关。而王跃堂等（2006）研究则发现，独立董事比例和公司绩效呈显著正相关，并且在控制了因素内生性影响下，这种相关性仍然成立。

上述文献的数据大都是不分行业，而且有相当数量的文献研究是将金融行业排除在样本之外。这就使得得出的结论在银行业是否合适，很值得商榷。尤其值得注意的是，银行业本身的特殊性，使得在公司治理问题上明显有别于其他行业（Caprio、Laeven 和 Levine，2003）。Prowse（1995），John 和 Qian（2003），John、Mehran 和 Qian（2003）等从银行业自身特点出发，研究了银行董事会人员构成、高管激励等治理问题。潘敏（2006）从理论上分析了银行业资产结构的特殊性、资产交易的非透明性和严格管制三个典型特征对商业银行公司治理的影响。

银行业的治理的特殊性主要表现在股权结构、债权结构、资产交易等方面。在股权结构方面，由于政府的管制以及自有资本的限制，银行业股权比较分散，没有显著的"一股独大"的现象出现。在债权方面，由于银行的债权所有人有相当一部分是中小储户，使得债权保护比较困难，债权治理相对乏力。银行的资产交换不透明，信息不对称程度比一般企业大，导致外部投资者和债权人很难对资产交易质量进行评价，使得外部监督困难。另外，银行业董事会成员大部分是相关机构的派出人员，董事会持股比例显著地少于其他上市企业，因此单从此方面考量，很难认为董事会有很好的激励动机来对经理层进行有效的监督，并对广大股东负责。而银行业董事会规模也普遍比一般企业大得多。尽管董事会成员人数增加，能够对经理层进行更好的监督，但是因此带来的协调组织成本是否会由此抵消其所带来的收益呢？Lipton 和 Lorsch（1992）的研究认为，董事会人员增加所带来的成本要超过其带来的收益。Yermack（1996）实证研究表明，公司 Tobin Q 与董事会规模呈负相关。

从以上分析可以看出，一方面，银行业有与一般企业不同的公司治理特殊性；另一方面，国内银行业有关治理问题的经验性证据比较少，因此有必要对此引起重视。本文集中关注董事会独立性与银行绩效间关系。我们首先找出影响董事会独立性的因素，然后运用最小二乘法，分析独立性与业绩间关系。最后在控制因素内生性影响后，采用三阶段最小二乘法（3SLS），进一步认清两者关系。

我们的研究试图基于银行业特点来分析国内上市银行的治理结构问题，为广大投资者、监管者和银行的管理者以及股东提供有益的参考，为深化我国金融体制改革，提升商业银行竞争力做出有益的探索。

三、实证分析

（一）样本数据

因为国内独立董事的设置从 2002 年正式开始，因此我们的数据是从 2002~2005 年的国内上市的股份制商业银行，一共选取了 6 家上市商业银行。考虑到银行业数据收集的限制，样本比较少，因此将各家银行的历年数据制成混合数据。数据来源主要是色诺芬数据库，并以各家银行历年的年报作为补充。

(二) 研究方法

1. 董事会独立性影响因素检验

$$IB = Ownership + CEO + Corporation \tag{1}$$

IB，用来描述银行董事会独立性，我们用两个指标来衡量：一个衡量指标是独立董事在董事会中占有的比例，用 IBP 代表，它是通常用来衡量董事会独立性的常用指标。一般认为在董事会中，独立董事比例越高，与该公司的关联关系越远，独立性就越大。另一个衡量指标是独立董事的任职年限与总经理或者行长的任职年限的比值，用 IBT 表示。独立董事制度的引进是为了更好地发挥董事会的监督作用。但是相对于管理层，由于时间和信息的限制，独立董事不能对管理层活动进行透彻了解，信息的不对称使得独立董事的独立性值得质疑。因此将 IBT 作为另一个衡量董事会独立性的指标。

Ownership，代表银行的股权结构。在实证研究中，我们用三个指标来刻画。第一个变量是 FHS，代表第一大股东的持股比例。第一大股东持股比例，一方面作为衡量银行股权结构，另一方面由于其在董事会对独立董事任免等影响比较大，有可能会因此影响到董事会的独立性。第二个变量是 Z，用它来表示银行股权结构的制衡能力，计算方式是第一大股东与第二大股东持股比例的比值。自从"安然事件"之后，越来越多的学者注意到大股东有可能在没有制约的条件下出现损害其他股东的行为，这称为"隧道效应"（tunneling）。因此，制衡能力是体现股权结构的重要指标。Z 值越小，制衡能力越强。第三个变量是银行股权结构的是一个虚拟变量 FN，它表示银行实际控制人的性质。当银行是国有控制时为 0，当实际控制人是民营或者外资时为 1。

CEO，用来刻画银行高管状态，我们采用一个虚拟变量 CEOdul。当行长或者总经理同时又担任董事长时为 1，两者分离时为 0。一般认为两职分离指标，是描述董事会独立性的重要变量，当总经理或者行长同时是董事长的时候，独立董事要发挥作用就比较有限，由此董事会的独立性就比较弱。

Corporation，代表除治理结构之外银行本身的特性。我们选取了两个指标 SIZE 和 Performance，前者代表银行的规模，用银行总资产 Asset 表示，在实证研究中用 Log（asset）代替。后者代表银行绩效，选取指标是总资产回报率（ROA）。

在实证检验时，我们设立以下几个模型来比较检验影响商业银行董事会独立性的因素。

Model 1：IBP = SIZE + ROA + CEOdul

Model 2：IBP = SIZE + ROA + FHS + Z + FN

Model 3：IBP = SIZE + ROA + CEOdul + FHS + Z + FN

Model 4：IBT = SIZE + ROA + CEOdul + FHS + Z + FN

2. 董事会独立性与银行经营绩效关系检验

A. 单方程模型检验

$$Performance = Corporation + CEO + Ownership + IB \qquad (2)$$

Performance，表示银行绩效，用两个变量衡量，一个是总资产回报（ROA），代表会计数据；另一个是每股收益（EPS），显示银行市场价值。

Corporation，代表银行的基本性质，除了上面提到的 SIZE 外，我们还选取了 CS 和 NET，前者代表银行资本结构，后者代表银行所拥有的网点数量。控制这些指标，是为了更好地突出治理结构对银行绩效影响。

CEO，代表高管性质，跟前面一样采用 CEOdul 衡量。Ownership 代表银行股权结构，所用变量与前面一致。IB，用来表示董事会独立性，所用的变量是 IBP 和 IBT。

为了分析董事会独立性与银行绩效间关系，我们建立了以下一组单方程计量模型：

Model 5：ROA = SIZE + CS + NET

Model 6： ROA = SIZE + IBP + CEOdul + FHS + FN + Z

Model 7： ROA = SIZE + IBP + CS + NET + CEOdul + FHS + FN + Z

Model 8： ROA = SIZE + IBT + CS + NET + CEOdul + FHS + FN + Z

Model 9： EPS = SIZE + IBP + CS + NET + CEOdul + FHS + FN + Z

B. 联立方程模型的检验

前面是将董事会独立性作为外生变量考虑，现在我们将它作为内生变量来考虑。运用联立方程模型，在控制了其内生性后，来检验董事会独立性与银行绩效间关系。联立方程模型如下：

Model 10： ROA = SIZE + CS + NET + CEOdul + FHS + FN + Z + IBP

IBP = SIZE + CS + CEOdul + FHS + FN + Z + ROA + BS

运用三阶段最小二乘法（3SLS）对联立方程回归的优势在于，二阶段最小二乘法（2SLS）只能对模型的一个结构方程进行参数估计，所利用的只是模型参数的部分信息。事实上，总体结构对每个结构参数都有不同程度的影响。而三阶段最小二乘法（3SLS）的优点之一就是能充分利用模型结构的全部信息，并且三阶段最小二乘法（3SLS）还系统地考虑了各个方程随机误差项的相关性。而二阶段最小二乘法（2SLS）则假定了各个方程的随机误差项是序列不相关的。因此，相比较二阶段最小二乘法（2SLS）和普通最小二乘法（OLS），三阶段最小二乘法（3SLS）的估计结果更为有效。

由于使用联立方程模型检验，需要在各个结构方程中加入工具变量。一个好的工具变量，不仅要和内生变量关系密切，而且同时要与误差项没有关系，因此我们选用 NET 作为第一个结构方程的工具变量。另外，增加董事会规模，作为第 2 个方程的工具变量，用 BS 表示。

各模型采用变量的详细定义，如表 1 所示。

表1　变量定义

变量名称	定义
ASSET	表示银行总资产
CS	描述银行资本结构，计算公式：CS=负债合计/股东权益合计
CEOdul	描述银行两职分离情况，虚拟变量，两职分离——0，两职合——1
FHS	表示银行第一大股东持股比例
BS	表示董事会规模，以人数来计算
FN	描述银行实际控制人性质，虚拟变量，国有控股——0，其他——1
EPS	表示每股收益，计算公式：EPS=净利润/期末总股本
IBP	表示独立董事比例
IBT	表示独立董事任职年限与总经理或行长任职年限的比值
NET	表示银行拥有的网点数量
ROA	表示总资产收益率，计算公式：ROA=净利润/总资产
Z	表示公司第一大股东与第二大股东持股比例的比值

（三）实证检验

1. 数据描述

研究选取了深圳发展银行、上海浦东发展银行、华夏银行、民生银行、中信银行以及招商银行 6 家上市的商业银行。由于数据所限，剔除不完整和异常数据之后，样本只有 22 个。统计年份为 2002~2005 年，其中，有 4 个样本是两职合一，占到总数的 18%，这显示，在银行业两职分离的现象是普遍存在的。另外，在上市银行实际控制人方面，只有深发展在 2004 年引进了国外战略投资者——Newbridge Asia，而民生银行则是由刘永好家族实际控制，属于民营控股。因此，在所有样本中有 77%是国有控股，占到了大多数。其他变量的描述性统计，如表 2 所示。

表2　变量的描述性统计

变量	均值	标准差	中位数	最大值	最小值
Log（ASSET）	26.028	1.297	26.519	27.322	23.192
CS	27.891	13.949	31.694	44.452	1.155
FHS	0.155	0.091	0.143	0.324	0.059
BS	17.636	2.172	18.000	20.000	13.000

变量	均值	标准差	中位数	最大值	最小值
EPS	0.297	0.146	0.305	0.635	0.040
IBP	0.316	0.089	0.314	0.421	0.100
IBT	0.967	0.891	0.633	3.500	0.250
NET	244.773	109.991	239.000	456.000	40.000
ROA	0.006	0.007	0.004	0.031	0.001
Z	2.291	1.507	1.439	5.591	1.061

表 2 显示，在银行基本数据方面，资产规模各行相差不是太大，总体接近，而资本结构和网点数量则各行相差较大。中信银行的资本负债比例历年都比其他银行低很多，与最大负债比例的银行相差 40 多倍。而在网点数方面，由于是混合数据，股份商业银行发展是一个阶段，因此在早期，银行网点数量普遍不是很多，因此此项标准差才会如此之大。在银行绩效方面，ROA 和 EPS 表现出总体稳定的情况，各行之间差别不大。在治理结构方面，董事会规模差异比较显著，各行第一大股东持股比例普遍较低，这可能和严格的监管制度有关，同时，股权结构中的制衡能力各行之间也有差别。而在董事会独立性方面，样本表现比较稳定。

2. 相关性分析

表 3 列示了几个变量之间的相关系数，表格上半部分是 Spearman 检验，下半部分是 Pearson 检验，括号内的是 P 值。

表 3　变量间相关性分析

	ROA	EPS	IBP	IBT	Z	FHS	ASSET	CS	NET
ROA	1	0.412 (0.797)	0.459** (0.031)	−0.241 (0.28)	0.242 (0.278)	0.449** (0.036)	−0.217 (0.373)	−0.759*** (0.000)	−0.095 (0.673)
EPS	0.159 (0.127)	1	−0.226 (0.312)	−0.499** (0.018)	−0.467** (0.028)	−0.623*** (0.002)	0.787*** (0.000)	0.219 (0.329)	0.730*** (0.000)
IBP	0.425** (0.049)	−0.239 (0.286)	1	−0.248 (0.265)	0.247 (0.268)	0.375* (0.086)	−0.141 (0.565)	−0.601*** (0.003)	−0.342 (0.119)
IBT	−0.137 (0.542)	−0.387* (0.075)	−0.254 (0.255)	1	0.409* (0.059)	0.128 (0.570)	−0.280 (0.245)	0.251 (0.261)	−0.287 (0.196)
Z	0.360* (0.099)	−0.634*** (0.001)	0.201 (0.367)	0.564*** (0.006)	1	0.774*** (0.000)	−0.418* (0.075)	−0.421* (0.051)	−0.054 (0.810)

	ROA	EPS	IBP	IBT	Z	FHS	ASSET	CS	NET
FHS	0.665*** (0.001)	−0.685*** (0.000)	0.476** (0.025)	0.051 (0.820)	0.733*** (0.000)	1	−0.548** (0.015)	−0.653*** (0.001)	−0.258 (0.246)
ASSET	0.154 (0.528)	0.844*** (0.000)	0.180 (0.462)	−0.584*** (0.009)	−0.013 0.957	−0.165 (0.500)	1	−0.309 (0.198)	0.760*** (0.000)
CS	−0.764*** (0.000)	0.465** (0.029)	−0.518** (0.013)	0.317 (0.149)	−0.372* (0.088)	−0.852*** (0.000)	0.452* (0.052)	1	0.120 (0.594)
NET	−0.517** (0.013)	0.765*** (0.000)	−0.408* (0.058)	−0.141 (0.529)	−0.409* (0.058)	−0.520** (0.012)	0.818*** (0.000)	0.542*** (0.009)	1

注：* 是显著性在 0.10 水平之内，** 是显著性在 0.05 水平之内，*** 是显著性在 0.01 水平之内。

表 3 显示，在不考虑其他因素的情况下，无论是 Spearman 还是 Pearson 检验，独立董事的比例对银行绩效都有显著的促进作用。但是同样值得注意的是，独立董事任职年限对银行的市场价值却是显著的负相关。另外，分析显示第一大股东持股比例和资本结构与银行会计价值有显著关系，而股权结构和网点数量与银行市场价值关系密切。股权结构、绩效与银行董事会独立性存在紧密的关系。

3. 回归分析

A. 银行董事会独立性的影响因素分析

表 4 显示了影响银行董事会独立性因素的回归分析结果，括号内的是 P 值。

表 4 影响银行董事会独立性因素单方程回归分析

Independent Variables	Dependent Variables			
	IBP			IBT
	Model 1	Model 2	Model 3	Model 4
Log（asset）	−0.018 (0.411)	−0.008 (0.754)	−0.008 (0.785)	−0.411 (0.041)
ROA	3.171 (0.456)	1.014 (0.823)	0.881 (0.852)	−5.102 (0.867)
CEOdul	−0.02 (0.668)		0.014 (0.808)	0.064 (0.849)
FHS		0.711 (0.171)	0.769 (0.193)	−2.392 (0.645)
Z		−0.029 (0.247)	−0.031 (0.269)	0.465 (0.040)

续表

Independent Variables	Dependent Variables			
	IBP			IBT
	Model 1	Model 2	Model 3	Model 4
FN		0.045 (0.438)	0.049 (0.431)	0.444 (0.242)
R-squared (adjusted)	0.231	0.314	0.317	0.663

我们在控制了银行规模和绩效之后，用一组模型相互对照分析银行董事会独立性的影响因素。

首先来看 CEO 的两职分离情况对董事会独立性的影响。回归结果显示这种影响并不显著，这与其他企业的治理情况有所区别。一般认为，如果总经理和董事长合一，那么为了避免更多的监督，董事长有动机去减少独立董事的人数，从而削弱董事会的监督职能。但是，如果考虑到银行的股权比较分散，一般是机构控股，而董事会成员几乎都来自于出资机构，独立董事的提名权并不掌握在董事长手上，因此，银行业两职分离情况在很大程度上不会影响董事会独立性也就理所当然。

股权结构方面，从第一大股东持股比例情况看，比例越大，独立董事比例也就越大。独立董事的设立有两个主要的作用：一是加强董事会监督职能，二是提高董事会决策能力。其监督职能一方面是监督管理层，另一方面是监督大股东，用来保护中小股东利益。由于银行业股权分散现象比较普遍，真正意义上的大股东并不多。从回归结果看，银行第一大股东可能更加注重的是独立董事专业背景，这能够帮助提高决策能力。另外，值得注意的是第一大股东持股比例与独立董事任职年限成反比。这说明，第一大股东除了看重独立董事的专业背景之外，还有意识地弱化独立董事的监督职能。由于独立董事的特殊性，相比较董事会成员和经理层，在公司信息方面处于明显劣势，任期越短，这方面的差距越大，监督就越不利。

从股权结构的制衡能力看，Z 值与独立董事比例成反比，制衡能力对独立董事任职年限有显著的促进作用。Z 值越小，制衡能力越好。从结果可以看到，除第一大股东外，其他股东多试图增加更多的独立董事来加强对第一大股东的监督，防止出现大股东侵吞其他股东利益的事件的发生。并且也乐于促使独立董事的任职年限增加，以掌握更多的信息，执行更好的监督。

而在银行实际控制人方面，分析结果显示，外资和民营控股对董事会的独立性有更好的促进作用。这一方面印证了国内银行引进外国战略投资者有利于促进公司内部治理的改进，另一方面也提示了对国内的民营资本，国内银行也应采取开放政策，这对建设现代银行制度一样有帮助。

B. 董事会独立性与银行绩效间关系

a. 单方程模型回归分析

表 5 用一组单方程模型考察了董事会独立性与银行绩效间关系，括号内的是 P 值。

表5　董事会独立性与银行绩效间单方程回归分析

Independent Variables	Dependent Variables				
	ROA				EPS
	Model 5	Model 6	Model 7	Model 8	Model 9
Log（asset）	−0.003 (0.185)	−0.003 (0.06)	−0.012 (0.028)	−0.001 (0.078)	0.019 (0.004)
IBP		0.003 (0.852)	0.010 (0.459)		0.272 (0.163)
IBT				0.001 (0.821)	
CS	−0.001 (0.094)		−0.001 (0.645)	−0.001 (0.113)	−0.011 (0.003)
NET	0.001 (0.532)		0.001 (0.047)	−0.001 (0.466)	0.001 (0.000)
CEOdul		0.001 (0.665)	0.001 (0.918)	0.002 (0.461)	0.064 (0.112)
FHS		0.04 (0.219)	−0.008 (0.832)	−0.006 (0.908)	−1.878 (0.008)
FN		0.002 (0.667)	0.01 (0.065)	0.001 (0.926)	0.044 (0.364)

Independent Variables	Dependent Variables				
	ROA				EPS
	Model 5	Model 6	Model 7	Model 8	Model 9
Z		−0.002 (0.261)	−0.003 (0.206)	0.001 (0.953)	0.013 (0.595)
R−squared（adjusted）	0.681	0.639	0.774	0.655	0.883

　　模型 5~模型 9 中的几个自变量可以归为两类：一类是衡量银行治理结构的变量，另一类是描述银行基本特征的变量。表 5 显示，治理结构对银行的绩效有一定影响，但是效果不明显。董事会独立性方面，模型 6~模型 9 都显示，尽管董事会独立性对绩效有正的促进作用，但是不显著。而从模型 6 来看，股权结构、两职分离等对银行的业绩提升作用也有限。比较而言，银行规模、资本结构和银行拥有的网点数量对企业绩效有更大的影响。

　　替代理论（Substitution）认为，治理结构之间是互相替代的。当公司的股权结构分散，股权制衡能力较好，几个大股东之间互相牵制，那么中小股东的利益保护会比那些拥有一股独大的股权结构的公司要好。换言之，由于股权结构的制衡，使得独立董事在保护中小股东而执行的监督能力的弱化。我国商业银行由于监管等原因，股权比较分散，股权结构的制衡能力相比一般企业要好得多，因此独立董事的监督能力弱化，使得对企业绩效的促进不明显，而独立董事本身的因素也可能促成这样的结果。独立董事由于地位特殊，因此平时对银行的信息掌握不够，又加上部分独立董事身兼数职，尽管有些人在银行待了数年，但是没有精力来履行独立董事的职责，造成了独立董事设置的形式化。

　　尽管如此，我们还是要注意到，治理结构的改善对银行绩效的提升是有帮助的。从表 5 可以看到，第一大股东持股比例对银行的绩效存在负的相关关系。这提醒我们，虽然银行股权比较分散，但是"隧道效应"（Tunneling）还是可能存在的。如果缺乏更好的制衡环境以及更有效的监督力量，侵占银行利益的事情还是有可能会发生。并且，从 IBP、IBT 和 Z 的分析结果来看，加强制衡能力和监督能力还能因此对企业绩效有促进作用。另外，分析结果还提示，引进一定的战略投资者对银行的业绩提升有帮助。

值得注意的是，比起治理结构，银行规模、资本结构和网点数量对银行的绩效有更显著的影响。一个有趣的现象是，模型 5~模型 8 回归分析显示，银行规模越大，企业总资产回报越少。但是模型 9 却显示，银行的规模越大，企业的市场价值越高。这明显地表示，广大投资者认为，银行的规模越大，今后银行升值的潜力越大，因此在股票市场上给予规模大的银行一个更好的评价。但是现实的情况却显示，规模大的银行在资产回报方面做得还不够好。在外资银行抢滩中国市场的今天，银行除了注重量的方面累计之外，需要在质的方面给予更高度的重视。

银行的网点数在一定程度上代表了银行在市场上的份额，网点数量越多，市场份额可能越大，从而能够促进银行业绩的提升。从模型 9 可以看到，网点数的多寡也暗示了银行今后发展潜力的大小。

总的来说，在银行业，董事会独立性等治理结构对绩效的促进作用不明显，企业规模、资本结构和网点数量对其有更大的影响。但是从模型 5 和模型 7 比较看，两者不能偏废，结合起来对企业绩效有更好的促进作用。

b. 联立方程模型的回归分析

表 6 是运用三阶段最小二乘法（3SLS）对模型 10 的回归结果，括号内的是 P 值。

表 6 董事会独立性与银行绩效间联立方程回归分析（3SLS）

Exogenous Variables	Endogenous Variables	
	ROA	IBP
ROA		5.672 (0.470)
IBP	0.041 (0.362)	

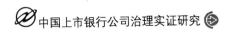
Exogenous Variables	Endogenous Variables	
	ROA	IBP
Log（asset）	−0.016 (0.021)	−0.079 (0.099)
CS	−0.001 (0.953)	0.007 (0.354)
NET	0.001 (0.037)	
CEOdul	−0.001 (0.826)	0.052 (0.302)
FHS	−0.028 (0.548)	1.542 (0.096)
Z	−0.003 (0.167)	−0.085 (0.063)
FN	0.011 (0.031)	0.115 (0.074)
BS		0.031 (0.115)

表 6 显示，在控制了变量内生性的影响之后，董事会独立性与银行绩效间仍然存在一定的正相关关系。对比表 4，结果显示了股权结构对董事会独立性的影响变得显著了。这暗示我们，如果在股权结构方面有进一步的改善的话，银行董事会将有可能变得更独立。比较表 5，在考虑独立董事比例内生之后，两职分离情况对银行绩效有一定促进作用，银行实际控制人性质对银行绩效的作用变得显著。

四、结论与启示

国内上市银行在股权结构、债权结构、资产结构和监管等方面与一般企业存在显著不同，研究发现董事会独立性对银行绩效虽有一定促进作用，但影响不明显。银行绩效的提升除了改善治理结构外，增加网点数量，扩大市场份额也有重要作用。另外，股权结构的制衡能力和银行实际控制人的性质能使银行董事会更加独立。

　　研究认为，银行业的公司治理首先要充分考虑行业本身特点。首先，以往关于公司治理的研究大都指的是一般性企业，特别是有相当一部分实证研究是将金融行业排除在外，因此所得出的结论不能简单地套用在银行业上。其次，引进战略投资者不仅能够改善银行内部治理结构，还能促进业绩的提升。研究结果表明，国内上市银行大多是国有控股，如果能在此基础上适度地引进一些非国有战略投资，改变一定的股权结构，将能促进董事会的独立性，从而改善银行治理结构。并且引进外资合作伙伴，能够尽快学习先进的银行经营理念，熟悉国际银行运行规则，这对全面提升国内银行的竞争力会起到较好的效果。特别值得注意的是，开放国内民营资本进入银行业也同样有益。最后，研究显示要想促进银行业绩的提升，改善治理结构和扩大市场份额同等重要，不可偏废。

　　本文的局限性在于只采集了国内 6 家上市银行的数据，而建行、中行、工行等这些在国内银行业占有重要位置的银行，由于上市时间较短，数据不足，并没有包括在样本内。作为国内银行业全面开放的今天，进一步加强对银行业治理问题的研究具有现实意义。本文在这方面做了尝试和探索，抛砖引玉，希望引起理论界和银行监管部门的更多的关注。

参考文献：

　　[1] Agarwal, A., Knoeber., Firm Performance and Mechanisms to Control Agency Problems between Managers and Shareholders. Journal of Financial and Quantitative Analysis, 1996 (31): 377–397.

　　[2] Bhagat, S., Black, B., The Uncertain Relationship between Board Composition and Firm Performance. Business Lawyer, 1999 (54): 921–963.

　　[3] Caprio, G., Laeven, L., Levine, R., Governance and Bank Valuation.NBER Working Paper, 2003, 10–15.

［4］Daily, C., Dalton, D., Board of Directors Leadership and Structure: Control and Performance Implications. Entrepreneurship Theory and Practice, 1993, 17 (3): 65–81.

［5］Fama, E., Agency Problems and the Theory of the Firm. Journal of Political Economy, 1980 (88): 28–307.

［6］Fama, E., Jensen, M., Separation of Ownership and Control. Journal of Law and Economics, 1983 (26): 301–325.

［7］John, K.Qian, Y., Incentive Feature in CEO Compensation in the Banking Industry. Economic Policy Review, 2003 (9): 109–121.

［8］John, K., Mehran, H., Qian, Y., Regulation Subordinated Debt and Incentive of CEO Compensation in the Banking Industry. Unpublished paper, FRBNY, 2003.

［9］Lipton, M., Lorsch, J., A Model Proposal for Improved Corporate Governce.Business Lawyer, 1992, 48 (1): 59–77.

［10］Mak, Y., Li, Y., Determinants of Corporate Ownership and Board Structure: Evidence from Singapore. Journal of Corporate Finance, 2001 (7): 235–256.

［11］Prowse, S., Alternative Methods of Corporate Control in Commercial Banks. Economic Review Third Quarter, 1995.

［12］Rosenstein, S.Wyatt, J., Inside Directors, Board Effectiveness, and Shareholder Wealth. Journal of Financial Economics, 1997 (44): 229–248.

［13］Yermack, D., Higher Valuation of Companies with a Small Board of Directors. Journal of Financial Economics, 1996 (40): 185–212.

［14］胡勤勤, 沈艺峰. 独立外部董事能否提高上市公司的经营业绩［J］. 世界经济, 2002 (7).

［15］高明华, 马守莉. 独立董事制度与公司绩效关系的实证分析［J］. 南开经济研究, 2002(2).

［16］潘敏. 商业银行公司治理: 一个基于银行业特征的理论分析［J］. 金融研究,2006 (3).

［17］王跃堂, 赵子夜, 魏晓雁. 董事会的独立性是否影响公司绩效［J］. 经济研究, 2006 (5).

⑪ 中国银行业 DEA 效率实证分析[*]

本文采用 2007 年最新数据，运用 DEA 优势效率模型和劣势效率模型对我国 14 家商业银行的 DEA 综合效率进行测评。经计算，得出了国内商业银行的综合效率排名。结果表明，国有四大商业银行的效率总体上明显不及新兴的股份制商业银行。并通过与 2003 年的数据对比，认为尽管四大银行效率有所增进，但劣势依然明显。其原因在于政府的干预以及其内部体制等问题。研究还运用 CCR 模型进行 Charnes-cooper 线性变换和对偶变换后的模型（D），分析了十四家商业银行的规模效率情况后，认为四大国有商业银行中并没有存在明显的规模经济的结论。

一、引言

近年来，对于行业效率的研究，大多采用参数方法和非参数方法，它们之间的区别在于参数方法根据不同假设选定生产函数的不同形式

---

[*]原文发表在《系统工程理论与实践》2009 年第 12 期，署名作者：宋增基，张宗益，袁茂

并对其中的参数进行估计，而非参数方法无需估计前沿生产函数的参数及函数具体形式。

银行效率的参数估计法始于 Benston（1965）的研究。参数估计法主要以银行的规模效率（Efficiency of Scale）和产品多样化效率（Efficiency of Scope）为分析对象估计出生产边界（Production Frontier）。奚君羊和曾振宇（2003）运用参数估计检验了我国银行业的效率，发现我国银行业存在产品多样化经济，四大国有商业银行的效率低于新兴商业银行，并发现银行成本与非利息收入、利息和营业机构成本显著相关。参数方法虽然具有效率值估计较高、离散程度较小以及能够方便地检验结构的显著性等方面的优势，但它却需要确切地知道生产函数的具体形式，并且受到的约束相对较多。而非参数方法却很好地克服了这些方面的缺陷。

在非参数方法中，学者大多采用 DEA 方法。DEA 方法是一种线性规划技术，是最常见的一种非参数前沿效率分析方法。1978 年，Charnes 等首次提出 CCR 模型，1986 年，魏权龄教授对在国内普及和推广 DEA 方法起了积极而重要的作用，并于 2000 年发表文献对 DEA 的研究进展作了总结。杨宝臣等对我国一家商业银行的分支机构的经营行为和效率进行了横向有效性评价。张健华对我国三类商业银行的效率状况进行了全面的分析，并利用 Malmquist 指数对它们的效率状况作了一个综合的分析与评价。朱南评估了我国商业银行的生产效率，并运用了 Andersen 等提出的"超效率"（Super-Efficiency）模型，使有效决策单元之间也能比较效率的高低。

上述文献中对银行业的研究采用了 DEA 模型，它与参数模型相比有了以下优势：①无需知道生产函数的具体形式，在研究中受到的约束相对较少；②处理多投入和多产出情况较为容易；③得出的技术效率除可以指明与最佳企业相比，被评价机构的投入利用效果外，还可以得知企业在哪些投入的使用效率更低，从而找出改进效率的最佳途径；④除了可以得到企业的技术效率外，还可以测算出经济效率、配置效率和纯技术效率，对企业的评价更加全面（张建华 2003）。但是它们同时也存在统一缺陷：它们均是从最有利于被评价决策单元出发的，因此当该决策单元中只要有一项指标是最优目标值，在对权向量无约束的情况下，不管它的其他指标项的优劣如何，它至少是弱 DEA 有效的，如果是绝对优势 DMU，那么它就是 DEA 有效的。可见，由此得出的结果有时并不能全面、客观地反映各 DMU 之间效率水平的差异。同时，对于一项 DEA 评价问题中，DEA 有效的决策单元也不止一个，它们之间的效率情况常常是无法进行比较的，这样也就使评价结果可能区分度较差，给各个决策单元之间相对有效性的比较、排序带来了困难。

对此，本文采用了 DEA 优势模型和劣势模型对我国前 14 家商业银行综合效率、技术效率和规模效率进行综合评价，将优势效率值和劣势效率值进行算术平均后，用得出的综合效率值来最终评价各个银行的技术效率，并对此进行排序，再运用修正后的 CCR 模型来评价该 14 家商业银行的规模效率，补充和完善了相关研究。

二、指标与数据的选取

用 DEA 方法评价银行效率的关键在于合理地选择输入、输出指标。当前，我国商业银行的利润主要来源仍然是存贷利差，存款业务和贷款业务仍是我国商业银行的工作重点，同时人力资本又是银行最重要的非利息支出部分，税前利润则最能体现出银行追求利润的动机以及它们的经营绩效。因此，本文选择存款总额和员工总数为投入项；贷款总额和税前利润为产出项。同时，本文选取我国前 14 家商业银行作为决策单元，因此分析的样本容量为 14，投入、产出指标均为 2 个。样本容量（14）大于投入与产出指标之积的两倍（$2 \times 2 \times 2 = 8$），可以认为该 DEA 评价结果具有合理的区分度，决策单元也均为我国商业银行，可以认为它们是同类型的决策单元。满足 DEA 分析的要求。

X_1，X_2 为投入指标，分别代表银行存款总额与银行员工总数，Y_1，Y_2 为产出指标，分别代表银行税前利润和贷款总额。

研究所用数据，来源于已上市银行的 2007 年中报（截至 2007 年 6 月 30 日），以及其他银行网站资料整理而成。

三、技术效率的测量

DEA 模型的优势之一就是它是从最有利于决策单元的角度进行效率评定的，纵然在很多情况下它是非常有用的，但也就是因为它这一优点会使那些只有一项指标具有优势，而其他指标均处于最低水平的决策单元被判定为 DEA 有效（至少也是弱 DEA 有效）。这样便有损于评定结果的准确性。因此对决策单元效率的评定，本文选用 DEA 优势效率模型和 DEA 劣势效率模型。对两模型所得出的效率值进行综合（用算术平均法），得出各 DMU 的综合效率值。最终得出的技术效率值，能更为客观、全面地反映各 DMU 经营效率情况以及其相对有效性差异。

（一）DEA 优势效率模型评定

DEA 优势效率模型（P）：

Min d_0

s.t. $\mu^T y_j - \omega^T x_j + d_j = 0$，j = 1，2，$\cdots$，n

$\quad \omega^T x_0 = 1$

$\quad \omega \geq 0$，$\mu \geq 0$

其中，d_j 为偏差变量，y_j 为产出项，x_j 为投入项。DMU_0 的优势效

率值为 $h_0 = 1 - d_0(d_0 \in [0，1])$，$DMU_0$ 有效当且仅当 $d_0 = 0$。

模型（P）仅是 DEA 基本模型（CCR）改变了表达形式，d_j 是该不等式约束条件的偏差变量，$\omega^T x_0 = 1$ 是为了消除无穷解的现象。模型（P）的基本思路：若对第 j_0 个 DMU 进行评价，就是在各 DMU 的 $d_j \in$ [0，1] 的条件下，选择权向量，使 d_{j0} 达到最小。

由于以输出/输入比值为目标函数的多目标规划模型的 Pareto 有效解集与 DEA 有效解集非常接近，从而可以利用该 Pareto 有效解集降低 DMU 有效值的求解难度。表 1 中国 14 家商业银行输出/输入比值情况。

表 1　中国 14 家商业银行输出/输入比值情况

		Y_1/X_1	Y_2/X_1	Y_1/X_2	Y_2/X_2
中国工商银行	DMU_1	41.03	0.75	3.45	0.06
中国农业银行	DMU_2	5.51	0.79	0.23	0.03
中国银行	DMU_3	17.27	0.69	1.68	0.07
中国建设银行	DMU_4	22.87	0.67	1.24	0.04
交通银行	DMU_5	54.55	0.74	4.45	0.06
中信实业银行	DMU_6	68.39	0.52	17.67	0.13
光大银行	DMU_7	23.06	0.67	5.76	0.17
华夏银行	DMU_8	92.20	0.60	18.44	0.12
民生银行	DMU_9	90.00	0.70	29.03*	0.23*
广东发展银行	DMU_{10}	30.36	0.64	3.86	0.08
深圳发展银行	DMU_{11}	69.88	0.63	10.96	0.10
招商银行	DMU_{12}	100.48	0.67	16.36	0.11
福建兴业银行	DMU_{13}	90.63	0.88*	12.50	0.12
浦东发展银行	DMU_{14}	102.93*	0.64	25.28	0.16

注：表中带 * 的为最优目标值。

表 2　中国 14 家商业银行优势效率值

	Pareto 有效性	效率值 h_j	h_j 值排名
DMU_1	无效	0.8516	8
DMU_2	无效	0.9023	7
DMU_3	无效	0.7937	10
DMU_4	无效	0.7602	11
DMU_5	无效	0.8511	9
DMU_6	无效	0.7350	13
DMU_7	无效	0.9034	6

	Pareto 有效性	效率值 h_j	h_j 值排名
DMU$_8$	无效	0.9051	5
DMU$_9$	有效	1	1
DMU$_{10}$	无效	0.7347	14
DMU$_{11}$	无效	0.7357	12
DMU$_{12}$	无效	0.9948	4
DMU$_{13}$	有效	1	1
DMU$_{14}$	有效	1	1

由表 2 可以看出，DMU$_9$、DMU$_{13}$、DMU$_{14}$ 是 Pareto 有效的，而且上述 Pareto 有效 DMU 都是绝对优势 DMU，因此无须求解 DEA 模型，就可以判定 DMU$_9$、DMU$_{13}$、DMU$_{14}$ 是 DEA 有效的。表 2 为求解出的优势效率值。

从表 2 可见，民生银行、福建兴业银行和浦东发展银行的优势效率值均为 1，为 DEA 有效。而工行、农行、中行、建行四大国有商业银行的优势效率值排名均在 7 名以后，这足以可见四大银行的相对效率在此 14 家商业银行中不显其优势。

（二）DEA 劣势效率模型评定

DEA 劣势效率模型使其在评价 DMU$_0$ 时，首先从最有利于其余 DMU（不包括 DMUj_0）的角度选择权数，在此基础上再使 DMU$_0$ 的效率值达到最大。

DEA 劣势效率评价模型（C）：

$$\text{Min} \sum r_j s_j \quad j \in J - \{j_0\}$$

$$\text{Min } s_0$$

$$\text{s.t. } \mu^T y_j - \omega^T x_j + s_j = 0, \quad j = 1, 2, \cdots, n$$

$$\omega^T x_0 = 1$$

$$\omega \geq 0, \quad \mu \geq 0$$

模型（C）是一个多目标规划模型，s_j 为偏差变量，第一个目标函数中的 r_j 是一个调节因子，本文取 r_j 的估计值为：$r_j = 1/(x_{1j} + x_{2j})] \times$

10^4，DMU_0 劣势效率值为 $k_0 = 1 - s_0$。

优势效率值与劣势效率值的取值范围均为 ［0，1］，显然对于任意的 $DMU_j(1 \leq j \leq n)$，都有 $k_j \leq h_j$，即对任意的 DMU，其劣势效率值不会超过其优势效率值。表 3 为各决策单元的 r_j 值及劣势效率。

表 3　中国 14 家商业银行的 r_j 值、劣势效率值及排名

	r_j 值	效率值 k_j	k_j 值排名
DMU_1	0.0215×10^4	0.6961	6
DMU_2	0.0195×10^4	0.5061	12
DMU_3	0.0494×10^4	0.6934	8
DMU_4	0.0226×10^4	0.4935	13
DMU_5	0.1605×10^4	0.6857	9
DMU_6	0.8929×10^4	0.7123	5
DMU_7	1.1111×10^4	0.5900	11
DMU_8	1.6667×10^4	0.8877	3
DMU_9	2.4390×10^4	0.9277	2
DMU_{10}	0.8065×10^4	0.4703	14
DMU_{11}	1.6949×10^4	0.7518	4
DMU_{12}	0.6667×10^4	0.9540	1
DMU_{13}	1.5152×10^4	0.6955	7
DMU_{14}	1.4085×10^4	0.6780	10

（三）综合效率评定

综合效率是为了从更为客观、真实的角度来反映出各个决策单元的技术效率情况。本文选取的是 DEA 优势效率模型和劣势效率模型来评定决策单元的综合效率。前面已经分别计算出了各大决策单元的优势效率值 h_j 和劣势效率值 k_j，现只需对 h_j 和 k_j 进行综合，即可得出各决策单元的综合技术效率值 θ_j。本文采用算术平均法求解综合效率值，即 $\theta_j = (k_j + h_j)/2$。表 4 为中国 14 家商业银行的综合效率值及其排名。

表 4　中国 14 家商业银行的综合效率值及排名

	效率值 θ_j	θ_j 值排名
DMU_1	0.7739	6
DMU_2	0.7042	13

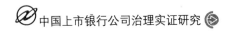

	效率值 θ_j	θ_j 值排名
DMU$_3$	0.7435	11
DMU$_4$	0.7511	8
DMU$_5$	0.7684	7
DMU$_6$	0.7236	12
DMU$_7$	0.7467	10
DMU$_8$	0.8964	4
DMU$_9$	0.9639	2
DMU$_{10}$	0.6825	14
DMU$_{11}$	0.7501	9
DMU$_{12}$	0.9744	1
DMU$_{13}$	0.8478	5
DMU$_{14}$	0.9011	3

由表 4 可见，2007 年 14 家商业银行在以存款和人员数为输入项，税前利润和贷款为输出项的 DEA 综合效率的评价中，招商银行排名为第一位，接下来为民生银行、浦东发展银行、华夏银行、福建兴业银行。而国有四大银行中，工商银行综合效率排名最好，排在第六位，建设银行排在第八位，其余两家银行均垫底，中国银行排在第十一位，农业银行排在第十三位。可见，就效率而言，四大银行的经营效率远不及新兴的股份制商业银行，国有四大商业银行并没有因为其规模占优势，而拥有高的效率和绩效，没有真正享有规模优势带来的益处。

四、规模效率的测量

在上节中，各 DEA 模型均是假设每一个银行都处于最优规模状态，在现实中，由于不完全竞争的存在和金融管制等方面的原因，都将导致银行不在最优规模下运行（李希义，2003）。为了解决可变规模报酬情况，可对 C²R 模型增加一个凸性假设 N1'λ = 1 以及 N1'λ ≤ 1，将 C²R 模型修正为 VRS 和 NISR 模型，将两者的计算结果进行比较，即可得出各个决策单元所处的规模报酬区域。张建华（2003）运用该种方法对我国商业银行 1997~2001 年的规模效率进行了测量。此种方法虽然意义明确易懂，但是在实际计算编程过程中，由于其有四个约束条件，所以编程有一定的困难。本文采用另一种方法来求解 14 家商业银行的规模效率情况。

$$(D) \begin{cases} \text{Min } \theta - \varepsilon\,(\hat{e}^T s^- + e^T s^+) = V_D \\[2mm] \text{s.t.} \quad \sum_{j=1}^{n} X_j \lambda_j + s^- = \theta X_0 \\[2mm] \qquad \sum_{j=1}^{n} Y_j \lambda_j - s^+ = Y_0 \\[2mm] \lambda \geq 0;\ j = 1,\ 2,\ \cdots,\ n;\ s^+ \geq 0;\ s^- \geq 0 \end{cases}$$

其中，$\hat{e}^T = (1,\ 1\cdots1)^T \in E_m$；$e^T = (1,\ 1\cdots1)^T \in E_s$

现对 C²R 模型进行 Charnes-cooper 线性变换和对偶变换，得：$\lambda_0 = (\lambda_{01}\lambda_{02},\ \cdots,\ \lambda_{0n})^T$。

ε 是非阿基米得无穷小，实际计算时，取 10^{-5}。

s^-，s^+ 是松弛变量。

DMU_{j0} 为 DEA 有效的充分必要条件为规划问题（D）的最优值 VD = 1，并且它的每个最优解 $\lambda_0 = (\lambda_{01},\ \lambda_{02},\ \cdots,\ \lambda_{0n})^T$，s − 0，s + 0，$\theta_0$，都满足 VD = θ_0 = 1，$s_0^- = 0$，$s_0^+ = 0$。若 VD ≠ 1，则 DMU_{j0} 非 DEA 有效。若 $\sum \lambda_{0i}/\theta_0 < 1$，则 DMU_{j0} 规模效益递增；若 $\sum \lambda_{0i}/\theta_0 > 1$，则 DMU_{j0} 规模效益递减。各投入要素改进方向按照 $X_0 = \theta_0 X_0 - s^-$，$Y_0 = Y_0 + s^+$ 改进。

表 5　中国 14 家商业银行规模效率状况

商业银行\指标	θ_0	$\sum \lambda_G/\theta_0$	规模报酬区域	改进方向 X_0	改进方向 Y_0
中国工商银行	0.8516	45.1250	递减	(3.0743, 22.2886)	(256.6250, 2.2908)
中国农业银行	0.9023	26.1250	递减	(1.8857, 13.6714)	(169.7668, 1.4887)
中国银行	0.7937	22.5000	递减	(1.4286, 10.3571)	(123.0510, 0.9921)
中国建设银行	0.7602	28.3750	递减	(1.7257, 12.5114)	(143.9462, 1.1479)
交通银行	0.8511	5.8750	递减	(0.4000, 2.9000)	(32.4313, 0.2979)
中信实业银行	0.7350	2.2246	递减	(0.1690, 0.6541)	(11.5608, 0.0882)
光大银行	0.9034	1.8976	递减	(0.1626, 0.6504)	(14.2563, 0.1084)
华夏银行	0.9051	0.7605	递增	(0.0905, 0.3934)	(8.3451, 0.0543)
民生银行	1.0000	1.0000	不变	(0.1000, 0.3100)	(9.0000, 0.0700)
广东发展银行	0.7347	1.7500	递减	(0.1029, 0.7457)	(8.1939, 0.0661)
深圳发展银行	0.7577	0.9207	递增	(0.0606, 0.3864)	(4.2356, 0.0379)
招商银行	0.9913	1.6437	递减	(0.2082, 0.9321)	(20.9166, 0.1388)
福建兴业银行	1.0000	1.0000	不变	(0.0800, 0.5800)	(7.2500, 0.0700)
浦东发展银行	1.0000	1.0000	不变	(0.1400, 0.5700)	(14.4100, 0.0900)

　　由表 5 可见，就规模效率而言，2007 年有 3 家银行达到了规模效率最优，它们分别是民生银行、福建兴业银行和浦东发展银行；有 2 家银行处于规模效率递增的区域，它们是华夏银行和深圳发展银行，随着其规模扩大，将会给其带来绩效的提升；而其余的 9 家商业银行均不同程度地处于规模报酬递减的区域。工、农、中、建四大国有银行均处于规模报酬递减的区域。

　　由上述的分析结果可见，四大国有商业银行的资产规模和存、贷款规模都是远远大于其他商业银行，规模优势显而易见，但是很可惜的是，它们没有一家银行在经营中存在明显的规模经济的现象，它们全都处于规模报酬递减的区域。表 6 为工行、农行、中行、建行四大国有商业银行实际投入值与最佳投入值的对比。

表6　中国四大国有商业银行实际输入值与最佳输入值（2007年）

	X1（万亿）	最佳X1（万亿）	X2（万）	最佳X2（万）
中国工商银行	6.69	5.17	34.61	21.23
中国农业银行	5.09	2.89	45.21	27.67
中国银行	4.31	2.43	23.06	10.36
中国建设银行	5.19	2.73	29.52	12.51

五、进一步分析

本文前面用非参数——DEA方法计算出了我国前14家商业银行的技术效率和规模效率，采用的数据是2007年中报。为了与现今的股权分置改革后的情况进行对比，我们还收集了各银行2003年的数据，运用相同方法进行重新测算。表7为中国14家商业银行2003年的相关数据。

表7　中国14家商业银行综合效率值及排名

	效率值 θ_j	θ_j 值排名
DMU_1	0.7113	6
DMU_2	0.6423	12
DMU_3	0.6314	13
DMU_4	0.6868	10
DMU_5	0.7108	7
DMU_6	0.6571	11
DMU_7	0.6941	9
DMU_8	0.8011	5
DMU_9	0.9248	2
DMU_{10}	0.5874	14
DMU_{11}	0.7001	8
DMU_{12}	0.9321	1
DMU_{13}	0.8212	4
DMU_{14}	0.8575	3

资料来源：已上市银行2003年报（截至2003年12月31日），以及其他银行网站资料。

比较表4与表7的结果，我们可以看到，相比2003年，四大国有银行整体效率有所改进，但是与其他股份制商业银行相比，仍然存在一定的差距，并且这种差距还有扩大的趋势。这里的原因可能有以下几点：①国有商业银行拥有其他银行没有的资源优势，但同时受到政府干预，在市场经济下难以发挥资源优势；②国有商业银行内部体制、人员等还存在一定问题；③工行、中行上市不久，农行还未上市，这样在产权制度上的改进效率还未能立即体现。

国家干预影响了国有商业银行的效率问题，实质上可以认为是通常意义上的预算"软约束"的后果之一。这个问题的由来与我国整个银行体制相关。国有商业银行由于产权属于国家，作为人民银行的下属机构，担负着实行货币政策、配合国家宏观调控的职能。因此，政府对四大银行的干预影响比较大，并且这种影响来自于各级政府，这使得国有四大银行很难按照市场经济规律行事，导致其效率低下。

在银行内部，由于四大银行规模比较大，员工数量多，历史包袱比较重，适应环境变化能力没有其他银行强，在金融逐渐放开的今天，这个劣势越来越突出。另外，由于产权制度问题，四大银行的激励制度相比其他银行要有所逊色，这也导致了其尽管规模比较大，但是其人力资源难以充分发挥作用。

六、结论

（1）本文采用2007年中报的数据，运用DEA优势效率模型和劣势效率模型对我国前14家商业银行，DEA综合效率进行测评。选取存款总额、人员数为投入项，税前利润额和贷款总额为产出项。经过计算，得出招商银行的综合效率值排名为第一位，民生银行、华夏银行、福建兴业银行、浦东发展银行分列第二至第五位，国有四大银行中，工商银行的综合效率值排名最好，排在第六位，其余三家银行均垫底，中国银行排在第十位，农业银行排在第十二位，建设银行排在第十三位。反映出国有四大商业银行的效率总体上明显不及新兴的股份制商业银行。

（2）运用 C²R 模型进行 Charnes-cooper 线性变换和对偶变换后的模型（D），分析了 14 家商业银行 2001 年的规模效率情况，得出：2001 年民生银行、福建兴业银行和浦东发展银行规模效率达到最优；华夏银行和深圳发展银行处于规模报酬递增区域，随着其规模扩大，定将给其带来绩效的提升；而其余的 9 家商业银行均处于规模报酬递减的区域。工行、农行、中行、建行四大国有银行全处于规模报酬递减的区域，这足以见得，四大国有商业银行中并不存在明显的规模经济。

（3）对比 2003 年，尽管国有四大商业银行效率正在逐渐提升，但是与一般银行间仍然存在差距。基于 DEA 对我国商业银行效率的研究发现，国有商业银行存在规模不经济，由于政府干预、内部体制人员问题，使得其效率低于其他商业银行。基于此，应指导四大国有商业银行缩减冗员、精简机构，提高内部管理水平，并且需要十分重视国有商业银行的产权问题，它是制约我国国有商业银行发展的一个重要的因素，从根本上解决它们的产权问题，才能真正使其实现市场化，成为真正意义上的企业。这样才有利于它们自身的管理与发展，同时也将对我国整个银行业市场产生深远的影响。

参考文献:

[1] Charnes A., Cooper W. W., Rhodes E., Measuring the efficiency of decision making units [J]. European Journal of Operation Research，1978（2）：429-444.

[2] 魏权龄. 数据包络分析（DEA）[J]. 科学通报，2000（9）.

[3] 李希义，任若恩. 国有商业银行效率变化及趋势分析 [J]. 中国软科学，2004(1)：57-61.

[4] 朱南，卓贤，董屹. 关于我国国有商业银行效率的实证分析与改革策略 [J]. 管理世界，2004（2）：18-26.

[5] 张建华. 我国商业银行效率研究的 DEA 方法及 1997-2001 年效率的实证分析 [J]. 金融研究，2003（3）：11-25.

[6] 张建华. 国外商业银行效率研究的最新进展及对我国的启示[J]. 国际金融研究，2003（5）：22-27.

[7] 奚君羊，曾振宇. 我国商业银行的效率分析 [J]. 国际金融研究，2003（5）：17-21.

[8] 杨宝臣，刘铮，高春阳. 商业银行有效性评价方法 [J]. 管理工程学报，1999（1）.

[9] 赵旭. 国有商业银行效率的实证分析 [J]. 经济科学，2000（6）：45-50.

[10] 谢平. 国有商业银行改革问题（演讲稿）. WTO 与粤港金融合作研讨会，2002.

⑫ 上市银行董事会独立性、CEO 薪酬与绩效*

本文通过收集 2006~2009 年 11 家上市的全国股份制商业银行的数据，实证分析了银行董事会独立性与 CEO 薪酬的关系，并在考虑银行 CEO 薪酬内生性基础上，进一步检验了银行董事会独立性、CEO 薪酬和绩效的关系。研究结果显示，银行董事会规模越大、内部董事越多、CEO 任期越长以及 CEO 兼任董事长的董事会其独立性较差，而独立性越差的董事会其监督效率也较低，此时，银行 CEO 的薪酬更容易偏离股东利益，加大银行的代理成本。此外，研究还发现，银行 CEO 薪酬与银行绩效之间的敏感性不强，即银行 CEO 高薪酬并不意味着银行业绩的显著增长。

一、文献回顾

近段时间，有关国内银行 CEO 薪酬问题在各种媒体上被大家广泛讨论。事实上，讨论 CEO 薪酬多少，在学界被认为是在当前现代企业

---

* 原文发表在《山西财经大学学报》2010 年第 10 期，署名作者：宋增基，杨天赋，王戈阳

制度下，所有权与经营权相分离的实际背景下必然产生的高管激励问题。Jensen 和 Meckling（1976）指出，由于所有权与控制权的分离，使得在公司经营中，存在经营者与股东目标的不一致，因而产生了委托—代理问题。通过建立有效的经营者激励约束机制使得经营者对个人利益的追求转化为股东利益的最大化，从而使经营者与股东的目标趋于一致，这是解决委托—代理问题的一个重要方式。Fama 和 Jensen（1983）认为，董事会是公司内部治理机制的核心，其主要职责是监督公司经营者的经营管理活动，参与公司重大决策。董事会通过行使监督功能来减少公司经理层，特别是 CEO 与股东利益的偏离，使代理成本最小化。而董事会能否客观地行使监督职能，取决于其是否独立于公司经理层。

公司经营者薪酬，一直是理论界和实务界关注的课题。许多学者从委托—代理角度，对经营者薪酬做了大量的分析与研究，并且，其中绝大部分都集中于经营者薪酬与其公司经营绩效之间的关系。他们试图说明经营者薪酬与公司经营绩效之间有着十分紧密的联系，从而依据经营者对公司贡献的大小给予相应的薪酬（Hall 和 Liebman，1998）。然而，实证结果并非如此。大多数的研究结果发现，经营者薪酬与公司业绩之间仅有有限的相关关系。Jensen 和 Murphy（1990）的研究结果表明，经营者的薪酬对企业业绩没有表现出较强的激励作用。Tosi 等（2000）采用 META 分析方法，发现公司经营者薪酬中只有不到 5% 的成分可用公司经营绩效来解释。

近来，一些学者从公司治理结构的角度研究了经营者的报酬与董事会之间的关系。Finkelstein 和 Hambrick（1996）发现，董事会在设置经营者报酬机制和监督经营者的管理活动中起着重要的作用。Fama 和 Jensen（1983）也曾指出，外部董事往往是内部组织管理的专家，具备监督经营者管理活动的能力，而且有职责考核经营者的经营管理能力。然而，Jensen（1993）研究却发现，在美国的公司中，董事会是低效率的。其原因在于董事会的职责是减少 CEO 和股东之间的冲突，递交给董事会的工作议程和相关信息由 CEO 决定，董事只拥有公司很少的股权，董事会规模太大，以至于 CEO 常常也是董事长。

对经营者的利益补偿与董事会之间的关系，许多学者以董事会规模、董事会中外部董事和内部董事的比例以及 CEO 的二元性（公司的总经理同时又是董事长）作为董事会结构度量，进行实证分析，但没能得到一致的结果。Lambert 等（1993）发现，CEO 的利益补偿与董事会中外部董事的比例正相关。Core（1999）对美国公司的分析结果是，董事会结构对 CEO 的利益补偿有较强的解释能力，当 CEO 的二元性出现时，CEO 得到了更多的补偿。在委托—代理问题越多的公司中，CEO 所得到的利益补偿也越多。然而，Conyon 和 Peck（1998）对英国公司的分析表明，董事会控制和薪酬委员会对高层管理者的利益补偿机制的影响有限，CEO 的利益补偿与董事会规模、董事会中外部董事的比例是不相关的，而与董事会中内部董事比例相关。

有关中国公司中经营者的薪酬问题，也有一些学者对经营者薪酬与公司经营绩效之间的关系进行了相关分析。魏刚（2000）研究了上市公司高管层的激励状况与公司业绩、公司规模和国有股股权比例之间的关系。结果显示，上市公司高管薪酬与公司业绩不存在显著的正相关关系，与高管人员持股比例不存在显著的负相关关系。谌新民等（2003）发现，高管年薪与公司绩效的正相关关系较弱且不稳定。张俊瑞等（2003）研究表明，高级管理人员年度薪酬与公司经营绩效及公司规模呈较显著的、稳定的正相关。王培欣等（2009）通过对 540 家上市公司的研究发现，高管薪酬与经营绩效存在显著的正相关关系。

关于商业银行的公司治理问题，学者们进行了一些探索。金融行业，特别是银行业在解决治理问题上，有许多区别于一般企业的特征（Caprio、Laeven 和 Levine，2003）。Prowse（1995）、John 和 Qian（2003）、John、Mehran 和 Qian（2003）等从银行业自身特点出发研究了银行董事会人员构成、高管激励等治理问题。潘敏（2006）从理论上分析了银行业资产结构的特殊性、资产交易的非透明性和严格管制三个典型特征对商业银行公司治理的影响。宋增基（2007）对我国上市银行董事会治理与绩效进行了实证研究，研究表明，上市银行独立董事对绩效有微弱的促进作用。李洁等（2009）对我国上市银行高管薪酬和绩效进行了研究，研究表明，银行高管薪酬与综合绩效呈正相关关系，且弹性系数大于 0 小于 1，说明高薪有一定程度的激励作用但并不是越高越好。

然而，从董事会独立性的视角，对董事会与经营者薪酬之间关系的研究，根据文献检索结果，还很鲜见。有关银行业的文献，更是少见。本文采用 2006~2009 年上市银行为样本，在充分考虑银行特殊性的基础上，对银行董事会独立性和银行 CEO 薪酬之间的关系以及银行董事会独立性、CEO 薪酬与银行绩效的关系进行了实证分析，试图进一步探索银行董事会监督的有效性。

二、研究设计

（一）研究假设

Harley、Ryan 和 Roy（2004）认为，CEO 薪酬、CEO 的经理权力和董事会独立性是一个内生的决定过程。一方面，为了保住其职位和增加个人利益，CEO 有动力利用其经理权力去影响董事会的行为（比如 CEO 薪酬的决定），从而影响到董事会的独立性；另一方面，董事会的独立程度对董事及公司股东的利益有重要影响，董事有动机避免 CEO 把持董事会。因此，CEO 薪酬是公司董事和 CEO 之间相互影响的结果，并且影响力较强的一方会从自身利益出发去影响 CEO 薪酬。本文沿袭 Hermalin 和 Weisbach（1998）的分析原则：①董事会的影响力越强，其独立性就越强；②独立性越强的董事会更愿意监管 CEO。

Yermack（1996）的研究发现，Tobin Q 和董事会规模之间呈显著负相关。Eisenberg 等（1998）也发现，公司盈余和董事会规模之间具有负相关关系。因此，我们认为，董事会规模较大会导致其独立性降低，因而更容易造成 CEO 把持董事会的局面，从而引起 CEO 报酬偏离股东利益最大化的目标。即：

H1：银行董事会规模与银行 CEO 薪酬正相关。

Fama 和 Jensen（1983）认为，外部董事被授权以选择、监督、考核、奖惩公司的管理层，通过减轻管理层和股东间的利益冲突来维护公司的效益。在声誉机制的辅助约束下，与公司没有关联的外部董事因其更高的客观性更能有效地行使监督职能，从而降低现代公司制企业所面临的代理成本。Weisbach（1988）发现，在公司业绩变差时，解雇 CEO 的可能性和外部董事的比例正相关。所以，我们认为：

H2：银行外部董事比例与银行 CEO 薪酬负相关。

Boyd（1994）认为，当一个公司的经理同时又是董事长时，CEO 的双重性就出现了，拥有董事长职位的 CEO 将有更大的控制权。所以在选择 CEO 时，希望 CEO 与董事长不是同一个人，因为一个独立的董事长能更客观地评价 CEO 和高层管理人员的业绩。Jensen（1993）指出，董事会控制要有效，CEO 和董事长不能是同一个人。所以，CEO 的双重性将带来董事会对经理激励约束机制控制的负面效应。因此，我们假设：

H3：银行 CEO 的二元性与薪酬正相关。

Hill（1991）认为，CEO 地位的稳固程度会随着其任职时间的增加而增加。CEO 在任时间越长，在心理上他们会觉得地位越稳固，因为企业更难解雇他们或解雇成本更高。要抵消这种影响，企业只能是将经理的报酬与其经营业绩联系起来。但是，如果这种安排并没有发生，CEO 的报酬会随着他们在公司中资历的增加而增长。Hermalin 和 Weisbach（1998）也发现，CEO 任期变长会导致外部董事的比例减小，并且随着 CEO 任期的增加，董事会的效率会逐渐下降。所以，我们假设：

H4：银行 CEO 的任期与薪酬正相关。

基于上述理论分析，先验地，我们无法明确银行 CEO 薪酬和董事会独立性之间的关系，这是一个需要实证检验的问题。

（二）数据和样本

研究选择目前在沪深 A 股市场上市的全国股份制商业银行，一共 11 家银行作为研究样本。其中，建设银行、中信银行、交通银行和兴业银行 2007 年后才上市，样本时间选取 2007~2009 年，工商银行、中国银行、招商银行、民生银行、华夏银行、浦发银行以及深圳发展银行上市时间较早，选择的时间段为 2006~2009 年。最后得到总共 40 个观测值。之所以选择这个时间段，是因为 2006 年后我国金融市场完全对外开放，数据具有可比性。考虑到银行业数据收集的限制，样本比较少，因此将各家银行的数据制成混合数据。数据来源主要是色诺芬数据库以及巨潮咨询网。

（三）模型及变量说明

我们用银行董事会独立性特征作为独立变量，银行 CEO 薪酬作为依赖变量构建模型（1）和模型（2），用来检验 CEO 薪酬与董事会独立性之间的关系。然后进一步用 ROA、EPS 代替银行绩效作为因变量，CEO 薪酬和董事会独立性特征作为解释变量构建模型（3）和模型（4），用来检验 CEO 薪酬、董事会独立性和银行绩效之间的关系。

$$\mathrm{Ln(Compen\_tz)} = f_1(\mathrm{Board\_tz},\ u_1) \tag{1}$$

$$\mathrm{Ln(Compen\_tz)} = f_2(\mathrm{Board\_tz},\ \mathrm{Corp\_tz},\ u_2) \tag{2}$$

$$\mathrm{ROA} = f_4(\mathrm{Compen\_tz},\ \mathrm{Board\_tz},\ \mathrm{Corp\_tz},\ u_3) \tag{3}$$

$$\mathrm{EPS} = f_4(\mathrm{Compen\_tz},\ \mathrm{Board\_tz},\ \mathrm{Corp\_tz},\ u_4) \tag{4}$$

其中，Ln（Compen_tz）代表在 OLS 回归分析中使用的依赖变量，ROA、EPS 分别表示净资产收益率和每股收益；Board_tz、Compen_tz、Corp_tz 分别表示银行董事会独立性特征、CEO 薪酬特征和银行特征，

u 为误差项。具体的变量定义及计算方式如表 1 所示。

表 1　变量定义及计算方式

变量	符号	定义
CEO 薪酬特征（Compen_tz）		
CEO 薪酬	Compen_tz	包括 CEO 的基本工资、各项奖金、福利、补贴、住房津贴及其他津贴等
银行董事会独立性特征（Board_tz）		
董事会规模	No.board	银行董事会总人数
CEO 的任期	CEO_ten	银行 CEO 在目前岗位的连续任职年限
两职设置状况	Dual_CEO	银行 CEO 是否兼任（副）董事长，若是其值为 1，否则为 0
内部董事比例	No.in	我们定义银行外部董事为公司年报中明确披露的独立董事和从职工代表大会中选出的董事，则 No.in =（No.board–外部董事人数）/ No.board
银行特征（Corp_tz）		
银行规模	Asset	银行总资产，实证中取其自然对数
网点数	Net	银行网点数量，实证中取其自然对数
资本充足率	CAR	资本总额与加权风险资产总额的比例
成长机会	Growth	银行净利润增长率
依赖变量		
OLS 回归依赖变量	Ln（Compen_tz）	银行 CEO 薪酬的自然对数
银行绩效	ROA	净利润与总资产的比率
	EPS	净利润与股本总数的比率

三、实证分析

（一）CEO 薪酬的描述性统计分析

研究选取了 11 家在沪深 A 股市场上市的全国股份制商业银行。在 40 个观测值中，有 18 个是 CEO 兼任（副）董事长，占到总数的45.00%，这显示，在银行业这种兼任现象是普遍存在的。其他变量的统计性描述，如表 2 和表 3 所示。

表 2、表 3 中给出了 CEO 薪酬及董事会独立性特征的统计结果。

表 2　CEO 薪酬描述性统计

		平均值（万元）	中位数（万元）	最小值（万元）	最大值（万元）	标准差
Compen_tz	2006 年	201	153	104	446	14.51
	2007 年	240	175	117	565	17.80
	2008 年	226	155	110	502	13.22
	2009 年	265	171	108	538	13.72

表 3　银行董事会特征描述性统计

		平均值	中位数	最小值	最大值	标准差
No.board	2006 年	16.50	17.00	13.00	18.00	1.85
	2007 年	16.43	17.50	14.00	18.00	1.58
	2008 年	16.29	16.50	14.00	18.00	1.66
	2009 年	15.95	16.00	13.00	18.00	1.62
No.out	2006 年	0.35	0.35	0.33	0.41	0.03
	2007 年	0.37	0.33	0.31	0.39	0.03
	2008 年	0.38	0.33	0.29	0.42	0.02
	2009 年	0.39	0.33	0.31	0.41	0.03
No.in	2006 年	0.65	0.65	0.61	0.69	0.03
	2007 年	0.63	0.64	0.61	0.69	0.03
	2008 年	0.62	0.65	0.59	0.68	0.03
	2009 年	0.61	0.65	0.58	0.69	0.03
CEO_ten	2006 年	4.28	4.50	2.10	6.00	1.57
	2007 年	3.30	3.00	2.10	6.00	1.07
	2008 年	3.30	3.00	2.30	6.00	1.45
	2009 年	3.15	3.00	2.10	6.00	1.28

从表 2、表 3 中可以看出以下特点：

上市银行 CEO 平均薪酬从 2006~2009 年总体来说是不断增加的。2006 年，CEO 平均薪酬为 201 万元，2009 年为 265 万元，增幅达 31.8%。而 2008 年 CEO 平均薪酬减少，之所以出现这种情况，是因为全球金融危机对银行业的冲击很大，影响到银行 CEO 的薪酬水平。

从统计结果我们发现，上市银行董事会规模相对集中。规模介于 13~18 个，并且董事会规模有缩小的趋势（均值从 16.50 下降为 15.95）。这表明，中国上市银行在设置董事会规模方面趋于理性和务实。上市银行董事会中，外部董事的比例有逐年增加的趋势，2006~2009 年外部董事的比例增加了 4 个百分点，2009 年外部董事在董事会的比例平均值已达 39%，超过 1/3。这种持续增加的趋势也表明上市银行意识到了董事会独立性的重要性。上市银行 CEO 任期趋于越少（均值从 4.28 下降到 3.15）。这种持续减少的趋势表明上市银行意识到了 CEO 任期过长可能产生的问题。同时，这也是金融市场自由化的必然结果。

图 1 和图 2 分别显示了 CEO 薪酬增长率与银行绩效增长率、CEO 薪酬增长率与银行规模增长率的情况。

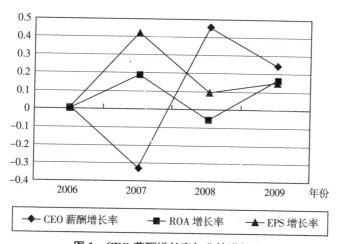

图 1　CEO 薪酬增长率与业绩增长率

从图 1 可以看出，银行 CEO 薪酬在 2007 年时增长率为正，2008 年出现负增长，之后增长率又为正。而绩效变量 ROA 在 2007 年时增长率为负，之后增长率又变为正；EPS 增长率都为正。可见，在 2008 年前，银行 CEO 薪酬与绩效增长率交互正负增长，2008 年后，增长率都为正。

在图 2 中，在 2006~2009 年，银行规模增长率和网点增长率都为正，而银行 CEO 薪酬增长率除 2008 年出现负增长外，其他年份也都是正的。值得一提的是，2007 年银行网点数大幅增加，增幅达 100%，

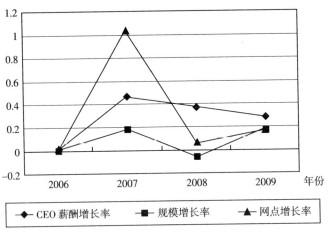

图 2　CEO 薪酬增长率与规模增长率

之所以增长如此迅猛，是因为我国金融市场在 2006 年底完全对外开放后，各银行为了抢占先机，大幅增加营业网点。

从以上的简单比较来看，我们似乎发现银行 CEO 薪酬增长与绩效增长以及规模增长之间有一定的相关关系。但是，我们不能因此就简单地下结论，这还需要进一步的分析。

表 4 给出了银行 CEO 薪酬和董事会独立性特征的相关性分析，括号内为 P 值。

表 4　CEO 薪酬特征和董事会独立性相关性分析

	Compen_tz	No.board	No.in	CEO_ten	Dual_CEO
Compen_tz		0.24*** (0.00)	0.13** (0.02)	0.09** (0.03)	0.20*** (0.00)
No.board	0.16*** (0.02)		0.25 (0.16)	0.12 (0.37)	−0.24 (0.28)
No.in	0.21*** (0.01)	0.35** (0.03)		0.28 (0.12)	−0.29 (0.34)
CEO_ten	0.19*** (0.00)	−0.21 (0.25)	0.16 (0.18)		0.33 (0.12)
Dual_CEO	0.08** (0.04)	−0.05 (0.17)	0.14 (0.32)	0.27** (0.03)	

注：上半部分为 Spearman 检验结果，下半部分为 Pearson 检验结果。

***、**、*表示检验分别在 1%、5%、10%的水平上显著。

从表 4 可以看出，无论是 Pearson 还是 Spearman 相关性检验，银行 CEO 薪酬和董事会独立性变量都显著正相关。这表明在不控制其他影响薪酬的因素时，银行 CEO 薪酬与董事会独立性特征变量两两之间有较强的相关性。同时，董事会独立性的各个特征变量之间的相关系数不高（最高仅为 0.35），这意味着本文用于描述银行董事会的特征变量的重叠性较低，不存在多重共线性问题。

（二）CEO 薪酬的单变量分析

我们使用均值（T 检验）和中位数检验（Mann–Whitney U 检验）分析银行 CEO 薪酬在不同的董事会及 CEO 特征下是否存在显著差异。按照银行董事会的特征我们将其分为大董事会（Large）、小董事会（Small）和内部董事会（Inside）、外部董事会（Outside）。如果银行董事会的规模比样本中值（中位数）大即为大董事会；如果银行董事会中外部董事人数超过总人数的 35% 即为外部董事会。按照 CEO 的特征我们将 CEO 分为长任期 CEO（Long）、短任期 CEO（Short）和两职合一 CEO（Combine）、两职分离 CEO（Separate）。如果 CEO 的任期超过样本中值（中位数）即为长任期 CEO；如果 CEO 兼任（副）董事长即为两职合一的 CEO。表 5 给出了 CEO 薪酬的单变量分析结果。

表 5　CEO 薪酬的单变量分析

		CEO 薪酬（括号内百分比为所占比例）		
		平均值（万元）	中位数（万元）	标准差
Board	Large	224*** (60.25%)	206*** (54.45%)	13.32
	Small	178* (39.75%)	159 (45.55%)	9.46
	Inside	235** (62.28%)	240** (59.61%)	11.47
	Outside	182 (37.72%)	131 (40.39%)	12.14

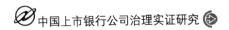

| | | CEO 薪酬（括号内百分比为所占比例） | | |
		平均值（万元）	中位数（万元）	标准差
CEO	Long	242** (41.21%)	223** (46.38%)	8.45
	Short	182 (58.79%)	162 (53.62%)	13.25
	Combine	248*** (21.42%)	229*** (24.45%)	11.73
	Separate	168* (78.58%)	175** (75.55%)	7.63

注：***、**、*表示检验分别在1%、5%、10%的水平上显著。

表 5 中的第二行是银行董事会规模和 CEO 薪酬的单变量分析结果。我们发现大董事会中的 CEO 得到的平均薪酬为 224 万元（占总样本的 60.25%），显著大于小董事会中 CEO 的薪酬。这与我们的假设 H1 相符，潜在地说明了较大的董事会容易被高层所操纵。从第三行我们发现，内部董事会中 CEO 的薪酬为 235 万元（占总样本的 62.28%），在 0.05 的统计水平上显著多于外部董事会中 CEO 得到的薪酬 182 万元。这与我们前面的分析一致，即外部董事会中 CEO 的薪酬和股东的财富最大化目标一致。这个结果支持了假设 H2。从表 5 中的最后两行我们也发现，检验结果较好地支持了前面的理论分析，即 CEO 的任期较长或者 CEO 兼任银行董事长会引起董事会独立性下降，最终导致 CEO 的薪酬机制脱离股东利益最大化的目标。

表 5 中的第四列也给出了基于中位数的单变量分析。根据统计结果，我们可以得出与基于均值的分析相同的结论。下面我们进一步对银行 CEO 薪酬与银行董事会独立性进行多变量分析。

（三）CEO 薪酬的多变量分析

为了进一步分析银行董事会独立性与 CEO 薪酬之间的关系，并控制可能影响薪酬的其他因素，我们对银行 CEO 薪酬进行了 OLS 回归。回归中包括下列解释变量：董事会的构成及规模、CEO 的任期、CEO

二元性以及控制变量（银行规模、网点数、资本充足率、成长机会）。内部董事、外部董事比例总计为 1，如果在同一方程中同时包括上述两个变量会引起极端的多重共线性。因而，我们根据董事会的分类（内部、外部董事会）回归两个方程。本文仅给出按内部董事比例回归的结果。我们发现按外部董事回归的结果与此在统计上显著相反。所有结果如表 6 所示。

表 6　CEO 薪酬的多变量分析

模型（1）~模型（2）	OLS 回归	
	模型（1）	模型（2）
No.board	4.23* (0.06)	3.57* (0.08)
No.in	3.18*** (0.00)	1.82** (0.06)
CEO_ten	0.94** (0.04)	0.85 (0.09)
Dual_CEO	1.13** (0.03)	0.63 (0.12)
Ln（asset）		2.73* (0.06)
Net		2.29** (0.03)
CAR		0.87 (0.14)
Growth		1.29* (0.08)
Adj R²	0.29	0.21

注：***、**、*表示检验分别在 1%、5%、10%的水平上显著。

表 6 第二列给出了不考虑其他变量，仅仅考虑银行董事会独立特征对 CEO 薪酬的回归结果。结果表明，在 0.10 的显著性水平之内，董事会特征变量和 CEO 薪酬显著正相关，即银行董事会规模越大、内部董事越多、CEO 任期越长以及 CEO 兼任董事长的董事会其独立性较差，而独立性越差的董事会其监督效率也较低。因为，此时 CEO 的影响力较强，其经理权力能够影响到董事会的行为，从而 CEO 更容易得到较多的薪酬。这说明，银行董事会的独立性越强，CEO 薪酬更能反映股东财富最大化的目标，股东的经济利益得到更好的保护。相反，当银行 CEO 的影响力增加时（相应地，银行董事会的独立性将变弱），CEO 薪酬则更容易偏离股东利益，加大银行的代理成本。

表 6 第三列是把控制变量考虑在内以后，银行董事会独立特征对

银行 CEO 薪酬的回归结果。我们发现，考虑控制变量后，董事会独立特征对 CEO 薪酬影响的显著性降低，并且，CEO 的兼任情况对薪酬的影响不显著了。这表明，CEO 薪酬的影响因素除了董事会以外，还有其他的影响因素。第三列还显示，银行资产规模、网点数以及银行的成长性对银行 CEO 薪酬有比较显著的影响。即资产规模越大、网点数越多和净资产收益率越高，银行 CEO 薪酬越高。

（四）CEO 薪酬、董事会独立性与绩效的回归分析

本部分除了研究银行 CEO 薪酬、董事会独立性对银行绩效的影响之外，还对 CEO 薪酬的内生性作进一步的探索，我们将 Ln (compen_tz)、ROA 和 EPS 视为内生变量构建联立方程模型（2）、模型（3）和模型（4），并用单方程估计方法（2SLS）和系统估计方法（3SLS）对其进行统计分析 ［限于篇幅，分析仅列出模型（2）和模型（3）的回归结果］。统计结果如表 7 所示，括号内是 P 值。

表 7　CEO 薪酬、董事会独立性与银行绩效的回归分析

	OLS			2SLS		3SLS	
	模型（2）	模型（3）	模型（4）	模型（2）	模型（3）	模型（2）	模型（3）
Compen_tz		1.52** (0.18)	0.81** (0.12)		1.28*** (0.15)		1.30*** (0.13)
No.board	0.58*** (0.01)	−0.15** (0.03)	−0.33* (0.07)	0.38*** (0.01)	−0.08** (0.04)	0.42** (0.02)	−0.16** (0.03)
No.in	0.36** (0.03)	−0.08 (0.13)	−0.13* (0.09)	0.36** (0.03)	−0.15* (0.07)	0.35** (0.03)	−0.21* (0.08)
CEO_ten	1.23*** (0.00)	−0.32* (0.06)	−0.29** (0.04)	0.88** (0.03)	−0.27** (0.05)	0.61** (0.02)	−0.16** (0.05)
Dual_CEO	1.15*** (0.01)	−0.28** (0.04)	−0.17** (0.05)	0.82** (0.05)	−0.32* (0.07)	0.83** (0.04)	−0.42** (0.03)
Ln（asset）	0.79** (0.03)	0.62** (0.02)	0.81* (0.09)	0.90* (0.06)	0.76** (0.02)	0.63** (0.05)	0.74** (0.04)
Net	0.64* (0.06)	0.97** (0.05)	1.18* (0.08)	0.54* (0.06)	0.85** (0.04)	0.47** (0.02)	1.21** (0.03)
CAR	0.32* (0.09)	0.06* (0.07)	0.13** (0.03)	0.18** (0.04)	0.11** (0.05)	0.38* (0.06)	0.07* (0.07)

	OLS			2SLS		3SLS	
	模型（2）	模型（3）	模型（4）	模型（2）	模型（3）	模型（2）	模型（3）
Growth	0.86***	0.47**	0.56**	0.69**	0.25*	0.71**	0.65**
	(0.01)	(0.04)	(0.03)	(0.03)	(0.06)	(0.05)	(0.03)
Adj R^2	0.25	0.24	0.18	0.21	0.30	0.16	0.22

注：***、**、*表示检验分别在1%、5%、10%的水平上显著。

从表7的回归结果可以看出，在控制银行规模、网点数、资本充足率以及成长机会之后，CEO薪酬代理变量的系数为正，但都不显著，这说明中国上市银行CEO薪酬与银行绩效之间的敏感性不强，即银行CEO高薪酬并不意味着银行业绩的显著增长。同时，从第4行到第7行中的数据我们发现，模型（2）中董事会特征代理变量的系数均为正，而模型（3）和模型（4）中董事会特征代理变量的系数均为负，而且除了内部董事比例系数以外，其他系数都在10%以内的水平显著，这说明银行董事会特征变量与CEO薪酬呈正相关关系，与银行绩效呈负相关关系。此外，控制变量对CEO薪酬代理变量和绩效变量的系数都为正，并且均在显著性水平10%以内显著，这说明银行规模、网点数、资本充足率以及银行成长机会对CEO薪酬和银行绩效都有显著的正面影响。而在2SLS和3SLS回归结果中，我们也发现同样性质的结果。

（五）稳健性检验

下面我们对上述的分析进行稳健性检验。

首先，由于银行的成长机会很可能影响到CEO薪酬，所以，我们将变量Growth的第一和第二分位数（G1和G2）引入模型（2），并运用单方程估计方法（2SLS）对其进行稳健性分析，我们发现结果与表7有相同的性质和统计特征。结果如下（括号内为检验的t值，下同）：

$$Ln(Compen\_tz) = 1.75 + 0.25G1 + 0.19G2 + 0.04No.board +$$

$$(2.56) \quad (1.82) \quad (1.76) \quad (2.71)$$

$$0.12\text{No.in} + 0.25\text{CEO\_ten} + 0.22\text{Dual\_CEO} +$$
$$(1.75) \qquad (2.02) \qquad (1.96)$$
$$0.18\text{Ln}(\text{asset}) + 0.14\text{Net} + 2.14\text{CAR} + 0.41\text{Growth}$$
$$(1.51) \qquad (1.47) \qquad (2.15) \qquad (1.88)$$

其次，鉴于银行网点数增幅变动过大，在模型（2）中，我们将网点数代理变量 Net 舍弃，运用系统估计方法（3SLS）对其进行稳健性分析，检验结果和表 7 研究的结果一致。

$$\text{Ln}(\text{Compen\_tz}) = 1.75 + 0.25\text{G1} + 0.19\text{G2} + 0.04\text{No.board} +$$
$$(2.15) \quad (1.82) \quad (2.10) \qquad (2.26)$$
$$0.12\text{No.in} + 0.25\text{CEO\_ten} + 0.22\text{Dual\_CEO} +$$
$$(1.94) \qquad (2.13) \qquad (1.92)$$
$$0.18\text{Ln}(\text{asset}) + 2.14\text{CAR} + 0.41\text{Growth}$$
$$(2.32) \qquad (1.58) \qquad (1.87)$$

再次，在模型（3）中，我们将变量 ROA 用 Tobin Q 代替，并用系统估计方法（3SLS）对其进行稳健性检验，实证结果和表 7 显示的结果吻合。

$$\text{Tobin Q} = 2.80 + 0.08\text{Ln}(\text{Compen\_tz}) - 0.11\text{No.board} -$$
$$(2.73) \qquad (1.04) \qquad\qquad (-1.79)$$
$$0.86\text{No.in} - 0.24\text{CEO\_ten} - 0.32\text{Dual\_CEO} +$$
$$(-1.52) \qquad (-2.25) \qquad (-1.92)$$
$$0.21\text{Ln}(\text{asset}) + 0.27\text{Net} + 1.86\text{CAR} + 0.95\text{Growth}$$
$$(1.94) \qquad (1.62) \qquad (2.08) \qquad (2.16)$$

四、主要结论

本文在充分考虑银行业自身特点的基础上，通过对银行 CEO 薪酬和董事会独立性特征（董事会的规模及构成、CEO 任期及其二元性）变量之间关系的实证研究，发现在中国上市银行中，银行董事会规模越大、内部董事越多、CEO 任期越长以及 CEO 兼任董事长的董事会其独立性较差，而独立性越差的董事会其监督效率也较低。此时，银行 CEO 的薪酬较高，而银行绩效较低。

研究结果显示，银行董事会的独立性越强，CEO 薪酬更能反映股东财富最大化的目标，股东的经济利益得到更好的保护；相反，当银行 CEO 的影响力增加时（相应地，银行董事会的独立性将变弱），CEO 薪酬更容易偏离股东利益，加大银行的代理成本。

研究还表明，中国上市银行 CEO 薪酬与银行绩效之间的敏感性不强，即银行 CEO 高薪酬并不意味着银行业绩的显著增长。同时，研究还发现，银行资产规模、网点数以及成长机会对 CEO 薪酬和绩效有显著的正面影响。

中国的银行公司治理处于从行政型治理到经济型治理的转轨过程中。银行董事会作为银行最重要的内部治理机制，其功能是否充分发挥对银行公司治理改革具有重要的意义。基于本文的经验研究，我们认为，在今后的银行治理改革特别是银行董事会改革之中，应该更加注重银行董事会规模的有效性，促使银行 CEO 和董事长两职分离，进一步完善和强化银行外部董事制度，加大对西方国家普遍采用的对银行 CEO 薪酬多元化的激励机制的尝试力度。

参考文献：

［1］Jensen, M., Meckling, W. Theory of the Firm: Managerial Behavior, Agency Cost, and Capital Structure ［J］. Journal of Financial Economics, 1976, 3（4）: 305–360.

［2］Fama, E., Jensen, M., Separation of Ownership and Control ［J］. Journal of Law and Economics, 1983, 26（6）: 375–393.

·［3］Hall, B. J., Liebman, J. B., Are CEO's Really Paid Like Bureaucrats? ［J］. Quarterly Journal of Economics, 1998, 113（3）: 653–691.

[4] Jensen, M., Murphy, K. J., Performance Pay and Top Management Incentives [J]. Journal of Political Economy, 1990, 98 (2): 225–264.

[5] Tosi, H., Wemer, S., Katz, J., Gomez-Mejia, L., How Much Does Performance Matter? A Meta-analysis of Executive Compensation Studies [J]. Journal of Management, 2000, 26 (2): 301–339.

[6] Finkelstein, S., Hambrick, D., Strategic Leadership: Top Executives and Their Effect on Organizations [M]. West Publishing Company, 1996.

[7] Jensen, M., The Modern Industrial Revolution, Exit, and The Failure of Internal Control systems [J]. Journal of Finance, 1993, 48 (3): 831–880.

[8] Lambert, R., Larcker, D., Weigelt, K., The Structure of Organizational Incentives [J]. Administrative Science Quarterly, 1993, 38 (3): 438–461.

[9] Core, J., Holthausen, R., Larcker, D., Corporate Governance, Chief Executive Officer Compensation, and Firm Performance [J]. Journal of Financial Economics, 1999, 51 (3): 371–406.

[10] Conyon, M., Peck, S., Board Control, Remuneration Committees and Top Management Compensation [J]. Academy of Management Journal, 1998, 41 (2): 146–157.

[11] Caprio G., Laeven L., Levine, R., Governance and Bank Valuation, NBER Working Papers No. 10158, 2003.

[12] Prowse, S., Alternative Methods of Corporate Control in Commercial Banks [J]. Economic Review, 1995 (3): 24–36.

[13] John, K., and Qian, Y., Incentive Feature in CEO Compensation in the Banking Industry [J]. Economic Policy Review, 2003, 9 (1): 109–121.

[14] John, K., Mehran, H., and Qian, Y., Regulation Subordinated Debt and Incentive of CEO Compensation in the Banking Industry [R]. Unpublished Paper, FRBNY, 2003.

[15] Harley, E., Ryan, Jr., Roy, A., Who is in whose pocket? Director Compensation, Board Independence, and Barriers to Effective Monitoring [J]. Journal of Financial Economics, 2004, 73 (3): 497–524.

[16] Hermalin, B., Weisbach, M., Endogenously Chosen Boards of Directors and Their Monitoring of the CEO [J]. American Economic Review, 1998, 88 (1): 96–118.

[17] Yermack, D., Higher Market Valuation of Companies with a Small Board of Directors

[J]. Journal of Financial Economics, 1996, 40 (2): 185-211.

[18] Eisenberg, T., Sundgren, S., Wells, M., Larger Board size and Decreasing Firm Value in Small Firms [J]. Journal of Financial Economics, 1998, 48 (1): 35-54.

[19] Weisbach, M., Outside Directors and CEO Turnover [J]. Journal of Financial Economics, 1988, 20 (1): 431-460.

[20] Boyd, B., Board Control and CEO Compensation [J]. Strategic Management Journal, 1994, 15 (5): 335-344.

[21] Jensen, M., The Modern Industrial Revolution, Exit, and The Failure of Internal Control Systems [J]. Journal of Finance, 1993, 48 (3): 831-880.

[22] Hill, C., Phan, P., CEO Tenure as a Determinant of CEO Pay [J]. Academy of Management Journal, 1991, 34 (3): 707-717.

[23] 魏刚. 高级管理层激励与上市公司经营绩效 [J]. 经济研究, 2000 (3): 32-39.

[24] 谌新民, 刘善敏. 上市公司经营者薪酬结构性差异的实证研究 [J]. 经济研究, 2003 (8): 55-63.

[25] 张俊瑞, 赵进文, 张建. 高级管理层激励与上市公司经营绩效相关性的实证分析 [J]. 会计研究, 2003 (9): 29-34.

[26] 王培欣, 夏佐波. 上市公司高管人员薪酬与经营绩效的实证分析 [J]. 哈尔滨工业大学学报, 2009 (3): 86-90.

[27] 潘敏. 商业银行公司治理: 一个基于银行业特征的理论分析 [J]. 金融研究, 2006 (3): 37-47.

[28] 宋增基, 陈全, 张宗益. 上市银行董事会治理与银行绩效 [J]. 金融论坛, 2007 (5): 35-40.

[29] 李洁, 严太华. 我国商业银行高管薪酬与综合绩效关系的实证分析 [J]. 上海金融, 2009 (6): 76-79.

⑬ 行长薪酬、薪酬差距与银行绩效关系研究*

以往的研究都集中于经营者薪酬与公司经营绩效之间的关系，主要集中于讨论高管人员的薪酬水平。本文不仅研究了银行高管薪酬的影响因素，还从中国上市银行内部薪酬差距的角度出发，依据锦标赛理论和行为理论，探讨了银行内部薪酬差距与银行绩效之间的相关关系。研究发现，中国上市银行的薪酬结构具有一定的合理性。通过对银行行长与银行绩效的回归分析发现，银行行长薪酬与银行绩效的联系程度还不够紧密，需要在以后的薪酬制度改革中进一步加强。

一、问题的提出

随着中国农业银行于 2010 年 7 月 15 日以全球最大的 IPO 登陆资本市场，国有独资银行成为历史，也实现了国有独资商业银行股份制改革的阶段性收官。中国国有银行股份制改革的终极目标是提升中国

---

* 原文发表在《财经研究》2011 年第 10 期，署名作者：宋增基，夏铭

银行业与国际一流银行可比较的持续竞争优势，其中对公司管理者的激励是公司治理中非常重要的一个问题。

薪酬激励是通过薪酬制度的设计和实施对公司员工进行经济奖惩以实现其激励约束目标的一种机制。薪酬设计存在两个焦点问题：薪酬水平和薪酬结构。许多学者从委托—代理角度，对经营者薪酬做了大量的分析与研究，绝大部分研究集中于经营者薪酬与公司经营绩效之间的关系，这些研究主要集中于讨论高管人员的薪酬水平。薪酬差距是企业薪酬结构的重要方面。西方学者关于企业内部薪酬差距对员工态度和组织绩效的影响关系也存在着激烈的争论，由此形成两种基本的观点：锦标赛理论和行为理论。锦标赛理论（Tournament Theory）认为加大薪酬差距可以改善工作态度、创造出更好的绩效。Lazear 和 Rosen（1981）、Rosen（1986）运用锦标赛理论对薪酬差距进行解释，他们认为薪酬差距是给予在竞赛中获胜者的一种额外奖励。锦标赛理论强调的是更多的竞争性奖金和更大的薪酬差距，鼓励高管人员的内部竞争以及对公司业绩的追求。行为理论则强调合作创造绩效，认为薪酬差距在一定程度上不利于合作，从而影响组织或团队绩效。

银行工作人员的薪酬的基本形式包括以现金形式支付的工资、奖金和以限制股份和股票期权等形式提供的奖励和以其他形式提供的保险、福利等物质利益。员工为银行的发展付出了劳动，他们必须得到一定的经济报酬，这是不容置疑的。但是，作为一种有效的经济激励机制，必须考虑以下几方面的问题：①薪酬的高低是如何决定的；②薪酬结构是否合理，特别是内部薪酬差距对银行绩效的提高是否有正向推动作用；③高管薪酬对银行绩效是否产生了积极的作用。本文以中国上市银行为样本，通过理论与实证分析，试图对上述问题给出合理的理论解释和经验证据。

二、研究样本及数据来源

截至 2009 年末，在沪、深 A 股市场上市发行股票的商业银行共有 14 家，本文以这 14 家股份制商业银行为样本，南京银行、宁波银行、北京银行、交通银行、建设银行、兴业银行和中信银行 2007 年才上市，样本选取的时间段为 2007~2009 年；工商银行、民生银行、浦发银行、华夏银行、招商银行、中国银行和深圳发展银行上市时间较早，样本选择的时间段为 2006~2009 年。所用数据来自国泰安数据库和各上市银行年报。

三、银行行长薪酬的影响因素

（一）银行行长薪酬描述性统计

通过对样本数据收集整理，我们发现，目前国内只有 3 家银行（南京银行、宁波银行、北京银行）对行长存在股权激励，且股权份额很少，并呈逐年递减趋势。以南京银行为例，2007 年南京银行行长股权份额为 0.006%，到 2009 年股权份额只有 0.001%。股权激励作为有效的薪酬激励方式，在中国上市银行中还没有普及。

表 1 给出了中国上市银行行长的现金报酬描述性统计，其中，2006 年有效样本为 7 个，2007~2009 年有效样本分别为 14 个。从表 1 中可以看出，目前上市银行行长的薪酬都普遍较高，但近 3 年银行行长薪酬均值呈下降趋势，同时也可以观察到每年的行长薪酬最大值和

最小值差异很大，特别是 2008 年最小值和最大值达到 10 倍。并且各个银行的行长薪酬平均值差别也比较明显。

表 1　银行行长薪酬统计量

单位：万元

	2006 年	2007 年	2008 年	2009 年
均值	307.9865	348.489	304.9636	243.198
中值	158.5000	201.770	175.5400	184.605
标准差	324.15525	303.4914	251.76897	154.7739
方差	105076.628	92107.052	63387.612	23954.955
极小值	103.89	107.5	85.00	75.5
极大值	995.00	1004.6	853.92	530.6

（二）银行行长薪酬的多变量分析

高管薪酬契约的决定因素是什么，其一直是理论界和实务界关注的课题。西方学者对影响高管薪酬水平的因素作了大量的探索性研究，成果集中于企业业绩、规模及政府对高管薪酬水平的影响方面。Jenson 和 Murphy（1990）研究发现，股东价值每增加 1000 美元，企业高管的财富平均增加 3125 美元；Baker 和 James（1998）的研究认为，CEO 报酬与企业业绩具有明显递增关系，并且认为股票激励对经营者有很好的长期激励作用；国外关于薪酬激励与商业银行经营绩效的研究最早来自于 Jason R. Barro 和 Robert J. Barro（1990），其研究认为，高管的薪酬变化与公司业绩之间存在着正相关关系，股票期权对高管人员的激励效应显著。魏华、刘金岩（2005）通过对鲁豫两省商业银行所作的调查结果进行实证分析，研究发现，在高管人员薪酬激励方面，样本银行高管人员薪酬与银行绩效没有关联。宋增基和杨天赋（2010）对 2006~2009 年 11 家上市的全国股份制商业银行数据进行研究，结果发现银行 CEO 薪酬与银行绩效之间的敏感性不强，即银行 CEO 薪酬越高并不意味着银行业绩越显著。陈学彬（2005）通过对内地的几家上市商业银行的薪酬激励进行研究，发现银行高管人员和员工薪酬与资产规模、资产收益率有较强的正相关性。武治国、朱贵云（2008）运用5家上市银行的年报数据，通过实证研究得出样本银行的高管薪酬与商业银行的赢利水平正相关，但与商业银行经营的安全性、流动性相关程度不高，与不良资产率相关性不显著。

在总结前人对高管薪酬影响因素研究的基础上，我们认为，可能影响银行行长薪酬水平主要有两个方面的因素：银行董事会特征和银行特征。其中，银行董事会特征包括董事会规模（No.Board）和董事会的独立性（INDE），银行特征包括银行总资产（Size）、网点数（No.Net）、资本充足率（TCR）和成长性（Growth）。为了分析这些因素与银行行长薪酬之间的关系，本文采用银行行长薪酬作为被解释变量，银行董事会特征和银行特征作为解释变量，银行业绩（ROE）作为特征变量，建立回归方程（如下），其中的变量含义如表2所示。

$$CEO\_tz = \alpha + \beta_1 \times No.Board + \beta_2 \times INDE + \beta_3 \times Size + \beta_4 \times No.Net + \beta_5 \times TCR + \beta_6 \times Growth + \beta_7 \times ROE + \varepsilon$$

表2　相关变量的定义

变量		符号	定义
CEO 薪酬特征（CEO_tz）	CEO 薪酬	CEO_tz	包括银行行长的基本工资、各项奖金、福利、补贴、住房津贴及其他津贴等
银行董事会独立性特征（Board_tz）	董事会规模	No.Board	银行董事会总人数
	独立董事比例	INDE	定义银行外部董事为公司年报中明确披露的独立董事和从职工代表大会中选出的董事，则 INDE =（No.Board −内部董事人数）/ No.Board
银行特征（Corp_tz）	银行总资产	Size	银行总资产，实证中取其自然对数
	网点数	No.Net	银行网点数量，实证中取其自然对数
	资本充足率	TCR	资本总额与加权风险资产总额的比例
	成长性	Growth	银行净利润增长率
特征变量	银行绩效	ROE	净资产收益率

表3　银行行长薪酬的多变量分析

自变量	因变量（CEO_tz）
No.Board	1.42（0.14）
INDE	0.98（0.11）
ROE	2.77**（0.04）

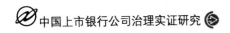

自变量	因变量 (CEO_tz)
Ln (Size)	0.95 (0.12)
No.Net	1.01 (0.11)
TCR	0.83 (0.15)
Growth	1.31* (0.08)
ADj R²	0.25

注：＊＊＊、＊＊、＊分别表示检验在1%、5%、10%的水平上显著。

表3给出了上述方程的回归结果。可以发现，在董事会特征方面，董事会规模和独立董事比例都对行长薪酬没有显著的相关性；银行业绩与行长薪酬显著正相关，表明赢利水平的高低是决定商业银行高管薪酬的重要因素之一，银行高管薪酬已具有同经营业绩挂钩的激励特征；银行的成长性对行长薪酬有比较显著的影响，即银行净利润增长率越高，银行行长的薪酬就越高。银行规模和网点数与行长薪酬没有显著的相关性，这与收集的数据显示的结果一致，如工商银行行长的薪酬水平并没有招商银行行长的薪酬高，但工商银行无论总资产还是网点数都远在招商银行之上。实证结果还发现，银行资本充足率与银行行长薪酬没有显著的相关关系，说明中国上市银行的薪酬与考核委员会在用经营绩效指标确定高管薪酬的时候很少考虑风险控制因素。

四、上市银行内部薪酬差距对绩效的影响

在上文中我们已经分析出影响银行行长薪酬水平的一些重要因素，但是依据锦标赛理论和行为理论的观点，薪酬结构的设计对于组织的影响可能更为重要 (Jensen 和 Murphy，1990)。林俊清等 (2003) 研究发现，我国上市公司内部高管团队薪酬差距符合锦标赛理论的预测，并分析了公司治理因素对薪酬差距形成的影响。薪酬差距不仅考虑了

银行高管的激励作用，而且也考虑了组织内其他成员特别是不同层次的企业员工的薪酬激励效果，组织成员是自私地追求个人利益还是通过协作实现组织目标具有非常重要的影响。企业内部薪酬差距的大小是我国企业、政府和媒体非常关注的话题，但是相当长的时间里，在组织薪酬研究中却很少被提及，特别是上市银行公司治理研究中对薪酬差距大小所产生的激励效应进行的实证研究更少。本文基于两种相互竞争的理论，即锦标赛理论和行为理论，研究上市银行内部薪酬差距（包括高层管理团队内部薪酬差距、高管与普通员工之间的薪酬差距）对银行绩效的影响，以及协作需要对于这种影响的调节效应。

按照中国证监会对中国上市公司的行业类别划分标准，我们从制造业公司中随机挑选出 14 家上市公司，同时搜集了 7 家具有代表性的垄断行业上市公司作为参考数据，选取这些公司 2006~2009 年的数据与本文选取的金融行业样本进行比较分析。高管与普通员工之间相对薪酬差距我们用高管层平均薪酬/员工平均薪酬来衡量，样本中并没有发现高管层薪酬水平低于普通员工薪酬水平的公司；同时考虑到这些公司的具体特征，包括公司总资产（Size）、负债比率（Dr）和净资产收益率（ROE）。Wilcoxon/Mann–Whitney 统计量检验结果如表 4 所示。

表 4　上市银行与制造业公司的公司特征及内部薪酬差距比较

	银行和制造业公司特征中位数					
	Size	Dr	ROE	P–S	D–S	M–S
上市银行	26.53	0.944903	0.162313	43.895	22.854	27.111
制造业公司	23.84	0.4123	0.147794	97.3427	78.7433	86.6821
垄断上市公司	10.99983	0.574574	0.097975	—	65.27336	70.89471
	Wilcoxon/Mann–Whitney 统计量					
上市银行—制造业公司	4.0147***	7.9304***	0.2584	8.0861***	10.7362***	11.2716***

注：表内相关数值均为中位数，P–S、D–S、M–S 分别表示行长与员工、董事与员工、管理层与员工的薪酬差距。

从表 4 中可以看出，上市银行和制造业公司的公司总资产、负债比率及内部薪酬差距中位数的 Wilcoxon/Mann–Whitney 统计量在 1%的水平下都显著，说明这两者之间存在明显差异，而净资产收益率并不显著差异；制造业公司和垄断上市公司 ROE 都低于上市银行，但是其内部薪酬差距反而比上市银行更大，这说明上市银行和制造业公司存在显著的行业特征差异，银行具有独特的行业特征，如资本结构上的高负债比、资产交易的非透明性和极为严格的行业管制和监管等。而且通过统计数据发现，银行业的员工收入普遍高于制造业员工收入，但是银行高管的薪酬与制造业高管薪酬均值相差并不是特别明显，这也是上市银行和制造业公司薪酬差距显著差异的重要原因。对比制造业公司和上市银行的公司特征及内部薪酬差距之后，我们发现上市银行的薪酬制度相对于制造业公司和垄断上市公司更具有合理性。为了进一步探讨上市银行薪酬结构的合理性，我们将对上市银行的内部薪酬差距对其绩效的影响进行实证分析。

我们选取银行行长薪酬和董事、管理层及管理层与员工的相对薪酬差距（现金年薪的比值，分别用 C-D_DIF、C-M_DIF、M-Y_DIF 表示）和调节变量为自变量，公司总资产（Size）为控制变量，银行当期和下一期净资产收益率（ROE_t 和 ROE_{t+1}）为因变量，建立回归模型，来检验薪酬差距对银行绩效的影响。表 5、表 6 分别代表公司规模和薪酬差异的相关系数表和回归结果。调节变量选取企业财务风险、企业规模来测量。其中，公司财务风险（FRISK）采用系统风险系数 β 衡量；企业规模（LNHUM）采用公司当年员工总数的自然对数值来衡量。

表 5　各相关变量的相关系数

	1	2	3	4	5	6	7	8
ROE_t								
ROE_{t+1}	0.67**							
C-M_DIF	−0.09*	−0.130*						
C-D_DIF	−0.11*	−0.147*	0.177					
M-Y_DIF	0.013	−0.065	0.097	0.061				
Size	0.042	0.085	0.004	−0.063	0.004			
FRISK	−0.065	−0.071	0.023	0.025	0.027	−0.042		
TECH	−0.034	0.037	0.018	0.019	0.015	−0.200*	0.017	
LNHUM	0.178*	0.072	−0.058	−0.055	−0.060	0.647*	0.027	−0.510*

注：＊表示在 0.1 的水平上显著；＊＊表示在 0.05 的水平上显著；＊＊＊表示在 0.01 的水平上显著。

表 6　薪酬差异和银行绩效的线性回归

	模型 1	模型 2	模型 3	模型 4
	ROE_t	ROE_{t+1}	ROE_t	ROE_{t+1}
M–Y_DIF	−0.126	−0.103	−0.085	−0.079
C–M_DIF	0.466	0.283*	0.279*	0.301*
C–D_DIF	−0.746*	−0.147	−0.816*	−0.592*
SIZE	0.661**	0.613**	0.625**	0.634**
FRISK×M–Y_DIF			−0.021	−0.058
LNHUM×C–D_DIF			0.147*	0.192*
FRISK×C–M_DIF			−0.013	−0.016
FRISK×C–D_DIF			−0.104	−0.118
LNHUM×M–Y_DIF			0.203*	0.214*
LNHUM×C–M_DIF			0.199*	0.214*
R^2	0.491	0.716	0.425	0.437
F	4.216*	10.743**	7.990**	8.62**

在表 6 中，模型 1 和模型 2 是在未加入调节变量的情况下内部薪酬差距与银行绩效之间的回归模型，回归结果并不明显；在加入调节变量后，模型 3 和模型 4 中上市银行行长与管理层的薪酬差距对当年和下一年绩效 ROE 有显著正相关性，上市银行行长与董事的薪酬差距对当年和下一年绩效 ROE 显著负相关，说明银行行长与管理层之间的薪酬差距对银行绩效有促进作用，该结果支持了锦标赛理论；但银行行长与董事之间的薪酬差距对银行绩效带来了负面作用，董事会的职责是负责对企业经理层的监督和激励，其目标是追求企业价值最大化，回归结果符合外生董事会（董事会有独立性）理论——董事会会依据公司所处的外部环境和信息对称情况决定 CEO 薪酬差距，在信息相对对称的情况下就会减小薪酬差距。外生董事会理论可能更适合中国上市银行的治理结构现实。研究还发现，高管层内部薪酬差距、管理层与员工的薪酬差距与企业规模复杂性的交互项对银行当年 ROE 和下一年的 ROE 有正向的显著影响。这表明企业规模越大，银行内部的薪酬差距的增加对绩效正向的显著影响越明显，所以企业规模对于银行的内部薪酬差距和绩效具有调节效应。而另一调节变量——企业风险的

调节效应并没有得到实证结果支持。因此，企业规模这一调节变量将会增强高管团队内部、管理层与员工间的薪酬差距和组织未来绩效之间的正相关关系。

五、银行行长薪酬激励对绩效的效果

银行行长每年丰厚的收入对银行绩效是否有显著的正向作用？下面我们通过多元回归方法来拟合其相关性。我们选取加权平均的净资产收益率（ROE）作为对银行业绩的衡量标准，这一指标变量在以前文献也被广泛地使用过〔如 John 和 Qian（2003）〕，但是也有文献使用每股收益率（EPS）来衡量企业的业绩。我们没有选取后者的原因主要是因为中国的股票市场由于发展极其不成熟，其股价变化基本上不反映一个企业的盈利能力。本文选取以下变量来进行回归分析：银行行长报酬（当年的银行行长现金报酬 CEO_t 和上一年的银行行长报酬 CEO_{t-1}、银行行长是否持股（CEOShare）（作为虚拟变量，持股取值为 1，否则取值为 0）、董事薪酬平均年薪报酬（Board）（薪酬最高的前三名的平均值，下同）、管理层平均年薪报酬（Manage）、员工报酬（Staff）、公司成长性（Growth）及银行总资产（Size）。

表 7 显示了主要研究变量的 Pearson 相关系数，从表 7 中可以看出，银行绩效与银行行长持股显著负相关，与银行的成长性显著正相关；银行行长薪酬与董事薪酬、员工薪酬及管理层薪酬显著正相关；管理层薪酬与董事薪酬正相关；员工薪酬与董事薪酬和管理层薪酬正相关。

为避免多重共线，我们建立了 6 个不同的模型来检验上市银行薪酬激励与绩效的关系，其结果如表 8 所示。从模型 5、模型 6 和模型 7 的拟合结果可以看出，上市银行 CEO 的当年和上一年的薪酬及股权激

表 7　Pearson 相关系数

	ROE	CEO$_t$	CEO$_{t-1}$	CEOShare	Size	Growth	Board	Manage
CEO$_t$	0.156							
CEO$_{t-1}$	0.162	0.628**						
CEOShare	−0.284*	−0.236	−0.265					
Size	0.055	−0.129	−0.083	−0.674**				
Growth	0.405*	0.169	0.081	−0.100	−0.127			
Board	0.029	0.774**	0.413*	−0.195	−0.132	0.339*		
Manage	−0.041	0.539**	0.608**	−0.229	−0.066	0.315	0.629*	
Staff	0.299	0.448**	0.371*	−0.205	−0.085	0.323	0.406*	0.527*

注：* P < 0.05（双尾检验）；** P < 0.01（双尾检验）。

表 8　薪酬激励与银行绩效的线性回归

	模型 5	模型 6		模型 7			模型 8	模型 9	模型 10
因变量	ROE	ROE		ROE			ROE	ROE	ROE
自变量	CEO$_t$	CEO$_t$ + CEOShare		CEO$_{t-1}$ + CEO$_t$ + CEOShare			Manage	Board	Staff
t	1.996	1.221	−1.006	1.208	−0.062	0.055	0.030	1.010	2.307
Sig.	0.056	0.229	0.320	0.237	0.951	0.957	0.976	0.318	0.026
b$_0$	−0.582	−0.279		−0.716			−0.113	0.090	−0.351
b$_1$	0.362	0.255	−0.352	0.428	−0.023	0.025	0.003	0.052	0.123
R^2	0.867	0.867		0.886			0.855	0.858	0.871
F	54.273	46.677		35.002			49.064	50.397	56.021
样本数	50	50		36			50	50	50

注：①b$_0$、b$_1$ 分别表示常数项和解释变量的回归系数，由于篇幅有限故没有列出控制变量的回归系数。
②回归分析时对 CEO$_t$、CEO$_{t-1}$、Manage、Staff 及控制变量公司规模的数值均做过对数处理。

励都与上市银行绩效不存在显著的正相关关系。股权激励对银行绩效
没有相关关系的原因可能与前面提到的当前上市银行股权激励过低有
关，过低的持股比例，根本无法把高级管理人员的利益与公司（股东）
的利益紧紧地捆在一起。从模型 8 和模型 9 的回归结果可以看出，董
事会和管理层的薪酬激励与银行经营绩效也不存在显著的相关关系。
分析原因，可能是由于：

（1）我国上市银行的薪酬制定制度还不是很完善，很多银行高级
管理人员的薪酬都是固定的年薪制，并且与银行业绩关系不大。在银
行业绩好的时候，银行行长薪酬还能因此得到增加；在银行业绩差的
时候，行长薪酬也不会因此下降。并且我国上市银行高级管理人员权

力过大，存在自己为自己制定待遇水平的可能性。

（2）非货币收益提供了足够的激励。在实证研究中并没有考虑高管的灰色收入，银行高管人员大多另有行政级别。1997 年的一份调查结果表明，高达 32.6% 的股份公司经营者表示对其经济地位并不看重，他们更在乎的是职位等级和行政等级。模型 10 的实证分析结果表明，上市银行员工薪酬与净资产收益率显著正相关，说明上市银行已经初步建立了员工薪酬与银行业绩挂钩的薪酬激励机制。

六、结论

国内上市银行与一般企业在许多方面存在差异，比如高负债、股权分散、严格监管等，因此简单套用以往的治理结论有失偏颇。本文在结合银行业自身特性的基础上，通过对银行 CEO 薪酬的影响因素研究及银行内部薪酬结构合理性的实证研究发现：

（1）银行业绩对高管薪酬有显著的影响，而且银行净利润增长率越高，银行 CEO 的薪酬就越高。

（2）通过引入制造业和垄断行业与上市银行做对比分析发现，上市银行的薪酬相对于制造业和垄断业更具有合理性，相对于企业绩效来说，更符合公司发展的需要。对于以企业规模为测量指标的调节变量而言，调节变量对银行内部薪酬差距和上市银行当期和未来绩效关系具有调节效应，而企业规模越大，银行内部的薪酬差距的增加对绩效正向的显著影响越明显。实证结果表明，银行行长和管理层的薪酬差距支持锦标赛理论，而银行行长和董事的薪酬差距支持行为理论。

（3）论文最后一部分探讨了上市银行 CEO 薪酬对银行绩效的影响，研究结果表明，上市银行 CEO 当年和上一年的薪酬及股权激励都与上市银行经营绩效不存在显著的正相关关系。并且中国商业银行的薪酬形式单一，基本上只注重短期激励效应的现金薪酬，而缺乏注重长期激励效应的限制性股份和股份期权等薪酬形式，不利于银行的长远发展。

中国的银行公司治理正处于从行政型治理到经济型治理的转轨过程中，特别是目前中国银行公司已初步完成股份制改革的情况下，在将来的改革中应建立起综合考虑市场竞争因素和业绩因素的薪酬水平，而且应调整薪酬结构，注重长期激励，更加注重银行内部和外部的监督机制。特别是近来上市银行高管的"天价薪酬"备受争议，我国银行的相关监督部门对金融行业高管薪酬的限制越来越严格。财政部2009年明确要求金融企业负责人总薪酬不应高于280万元，2008年业绩下降的国有金融机构，高管人员薪酬再下调10%。2010年3月，银监会正式下发《商业银行稳健薪酬监管指引》，规定商业银行主要负责人绩效薪酬不得超过其基本薪酬的3倍，且高管绩效薪酬的40%以上应采取延期支付的方式，且期限不少于3年。因此银行薪酬水平的确定必须综合考虑市场竞争因素和业绩因素。这一方面有利于吸引和留住好的经营人才；另一方面，对于变灰色收入为公开收入，平衡收入攀比心理，调动员工的工作积极性和创造性，抑制其犯罪动机具有积极作用。并且薪酬水平必须与业绩紧密挂钩，注重提高人力资本成本使用效率。银行业绩的提高，才真正地为员工和高管人员的薪酬水平的进一步提高创造条件。

本文存在不足的地方，由于我国上市银行时间较短，并且有些公布的信息也不是很完整，使得研究样本相对较少。另外，我们只是把上市银行作为一个整体讨论，没有比较上市银行个体之间的优劣性。这些局限性也是我们今后的研究需考虑的方面。

参考文献：

[1] Jason R. Barro and Robert J. Barro.Pay Performance and Turnover of Bank CEOs [J]. Journal of Labor Economics, 1990, 8（4）：448–481.

[2] Bebchuk, Lucian and Fried, Jesse.Executive Compensation at Fannie Mae：A Case Study

of Perverse Incetives, Nonperformance Pay, and Camouflage [J]. Journal of Corporation Law, 2005, 30 (4): 807–822.

[3] Houston J. and C. James. CEO Compensation and Bank Risk: Is Compensation Structured in Banking to Promote Risk Taking? [J]. Journal of Monetary Economics, 1995 (36): 405–431.

[4] Jensen, M.and W., Meckling.Theory of the Firm: Managerial Behavior, Agency Costs, and Capital Structure [J]. Journal of Financial Economics，1976 (3): 305–360.

[5] John, K.and Y.Qian.Incentive Feature in CEO Compensation in the Banking Industry [J]. FRBNY Economic Policy Review, 2003 (9): 109–121.

[6] Shleifer, A.and R.W.Vishny.A Survey of Corporate Governance [J]. Journal of Finance, 1997 (52): 737–775.

[7] 步丹璐，蔡春，叶建明. 高管薪酬公平性问题研究——基于综合理论分析的量化方法思考 [J]. 会计研究，2010 (5): 39–46.

[8] 陈学彬. 中国商业银行薪酬激励机制分析 [J]. 金融研究，2005 (7): 76–94.

[9] 李克文，郑录军.高管人员激励机制与商业银行经营绩效 [J].南开学报 (哲学社会科学版), 2005 (1): 71–76.

[10] 林浚清，黄祖辉，孙永祥.高管团队内薪酬差异、公司绩效和治理结构 [J].经济研究, 2003 (4): 31–40.

[11] 李维安，曹廷求.商业银行公司治理：理论模式与我国选择 [J].南开大学学报，2003 (1): 42–50.

[12] 潘敏.商业银行公司治理：一个基于银行业特征的理论分析[J].金融研究，2006 (3): 37–47.

[13] 邵平，刘林，孔爱国. 高管薪酬与公司业绩的敏感性因素分析——金融业的证据 (2000~2005 年) [J].财经研究，2008 (1): 94–105.

[14] 宋增基，杨天赋，王戈阳. 银行董事会特征、CEO 报酬与银行绩效——基于对 11 家股份制银行的数据分析 [J].金融论坛，2010 (6): 36–42.

[15] 魏刚. 高级管理层激励与上市公司经营绩效 [J].经济研究，2000 (3): 32–40.

[16] 李燕萍，贺欢，张海雯. 基于扎根理论的金融国企高管薪酬影响因素研究 [J].管理学报，2010 (10): 1477–1483.

[17] 张正堂. 企业内部薪酬差距对组织未来绩效影响的实证研究 [J].会计研究，2008 (9): 81–87.